本书是
- 浙江省重点创新团队：公共图书馆向第三文化空间拓展研究与实践创新团队
- 浙江省文化厅文化科研项目：公共图书馆向文化空间拓展的研究与实践

的成果之一

城市图书馆研究

第二卷第一辑

图书在版编目(CIP)数据

城市图书馆研究. 第二卷第一辑/褚树青主编. --北京:国家图书馆出版社,2014.4
ISBN 978-7-5013-5344-6

Ⅰ.①城… Ⅱ.①褚… Ⅲ.①市级图书馆—研究 Ⅳ.①G258.22

中国版本图书馆 CIP 数据核字(2014)第 047449 号

书 名 城市图书馆研究. 第二卷第一辑
著 者 褚树青 主编
责任编辑 高 爽 杨晓利

出 版 国家图书馆出版社(100034 北京市西城区文津街 7 号)
(原书目文献出版社 北京图书馆出版社)
发 行 010-66114536 66126153 66151313 66175620
66121706(传真),66126156(门市部)
E-mail btsfxb@nlc.gov.cn(邮购)
Website www.nlcpress.com ——→投稿中心
经 销 新华书店
印 装 北京科信印刷有限公司
版 次 2014 年 4 月第 1 版 2014 年 4 月第 1 次印刷

开 本 787×1092(毫米) 1/16
印 张 11
字 数 100 千字

书 号 ISBN 978-7-5013-5344-6
定 价 54.00 元

卷首语

网络背景下，图书馆正在发生变革，但不论如何变化，作为公共文化的空间，让人喜欢、让人走进来是图书馆发展的硬道理。正如人们所说的，没有学生的学校还是学校吗？没有顾客的商店还是商店吗？同理，没有读者的图书馆还是图书馆吗？

2009 年，在意大利都灵举行的国际图联大会卫星会议上，大家围绕美国社会学家奥登伯格关于社会形态的三个空间理论展开讨论。按照奥氏的观点，第一空间是家庭，第二空间是单位，第三空间是那些博物馆、美术馆、酒吧、街心公园、咖啡馆等引人入胜的地方，这些空间建设的如何将决定一个城市的吸引力。

图书馆能是一个引人入胜的地方吗？图书馆是一个可以让人们忘记年龄、性别、学历、职业、身份而心情放松的地方吗？图书馆是一个自由、多元、开放的地方吗？显然，传统图书馆是做不到的，因为它有太多的制度和框架限制了人们。在一个崇尚自由、快乐、放松的时代，传统图书馆显然不合时宜。在这个时代，不合时宜的东西有很多，有的消亡了，有的变革后焕发出蓬勃的生机，这就是达尔文的适者生存的自然法则。所以，创新是这个时代的主旋律。图书馆要想生存和发展，其内涵和外延也必然要发生变革，核心就是让人们喜欢，让人们走进来。

我想，都灵会议上图书馆人聚集在一起讨论的目的不外乎此吧。第三空间的场景有很多，图书馆并不是唯一的，所以，打造第三空间，每一个组织都在追求自己特有的形态。在这当中，图书馆也要追求自己的特质，那就是图书馆特有的文化形态。从这个意义上讲，我们是否可以说，图书馆需要打造第三空间加文化，即“第三文化空间”。

麦当劳在其企业的发展设计概念中提出，虽然我们做的是快餐，但让人们在什么场景下吃、与谁吃、怎么吃，这是一种文化。同样，在图书馆这个空间里，读者在什么场景下看书、怎么看书、与谁一起看书、看书能带来什么，也需要成为一种文化，只有这样，图书馆才有存在的价值。“第三文化空间”就是要研究、探索、实现这种文化，最终达到“人们不是在回家的路上，就是在去图书馆的路上”。倘如此，图书馆还会不被人们追捧吗？

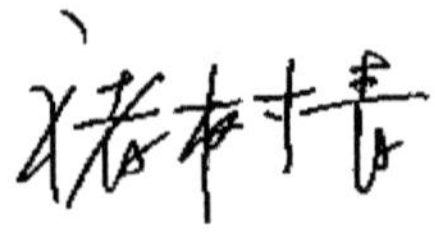

目录

上篇　第三文化空间思辨

下篇　全球公共图书馆第三文化空间实践案例

目录

Contents

Part One Thinking of the Third Cultural Space

Part Two The Third Cultural Space Practice Cases of Global Public Libraries

Contents

上篇　第三文化空间思辨

Part One　Thinking of the Third Cultural Space

Libraries and the Third Cultural Space

Molly Raphael

图书馆和第三文化空间

莫莉·拉斐尔

摘要：本文介绍美国的城市公共图书馆在举办文化活动、消除不同文化之间隔阂的一些经验，探讨图书馆在社区参与、与其他组织合作以及培训员工文化能力等方面的重要性。

关键词：图书馆角色，城市公共图书馆，作为场所的图书馆，社区改造，文化活动，合作，文化能力，社区参与

Abstract: This article takes a look at some of the ways that urban public libraries in the United States of America are celebrating cultures activities and creating better understanding across cultures. The importance of such areas as community engagement, collaboration and partnerships with outside organizations, and training staff in cultural competencies are explored.

Keywords: role of libraries, urban public libraries, library as place, transforming communities, cultural celebrations, partnerships, cultural competency, community engagement

In our fast paced world, driven by technology and an expectation of immediate response, libraries have become central to our communities not just for preserving culture but also for celebrating it.

Over time, the roles of public libraries in their communities have evolved. Libraries have always been collectors of the written record. In the 20th Century, we saw that "written record" expanded dramatically into different formats. Each one became part of the library's collection—audio, video, microfilm, and eventually digital. Libraries have also used their collections to develop programs and services that draw attention to their holdings. Libraries have played a major role in providing unbiased information on every topic imaginable. And libraries have always, to some extent, served as gathering places for their communities, physical (and now virtual) spaces within the community that have been welcoming to people regardless of origin, age, background or views.

What we are experiencing in the first two decades of the 21st Century is an opportunity to build on our history and move into a more central role for preserving and celebrating cultures, not just of our individual communities but of cultures around the world.

Molly Raphael, 2011—2012 President of the American Library Association. E-mail: meraphael@ gmail. com

The focus of this article applies primarily to urban public library communities, where I have spent decades working, but many of the ideas and concepts could apply to the communities served by academic and research libraries as well as school and other types of libraries. The examples used are primarily from urban public libraries, but with relatively small modifications, the concepts are relevant for other types of libraries.

In his influential book *The Great Good Place*[1], first published in 1989, Ray Oldenburg focused on the places within communities that fulfill a need for a "third place", the first being home and the second being the workplace. The third place is essential for building community and may not always be the same space for different communities and cultures. Libraries have filled this role over time, and served as gathering places for peoples from diverse backgrounds. It has only been within the past couple of decades that libraries have recognized the primacy of this role in helping communities to create understanding around different cultures.

Richard Harwood of The Harwood Institute[2] has articulated a vital component of how we can engage most effectively with our community. His practice employs the concept of "turning outward". For much of the work we do in libraries, we tend to gather information that affects our planning and development of services based on what we know about our community. This often involves research and data collection, including efforts to understand the demographics and characteristics of the community we serve. We often look to develop this information so as to better understand segments of our community, defined by personal characteristics such as age, educational level, income, race and ethnicity, etc. Harwood's approach teaches us not to rely only on "what we know" from doing research but rather to actually go out into the community and engage with members and groups in our communities. His "turning outward" approach requires that we leave aside our general assumptions and that we engage by listening and being able to define what the aspirations and priorities of our communities are. His approach allows us to bring together people from diverse backgrounds to understand shared aspirations of different segments of our community.

In the way we used to operate, we would do our research and data analysis, and then discuss, within the library hierarchy, how to meet the needs we have identified through the development and modification of our library services. By using Harwood's approach, we begin by listening to the community and understanding their shared aspirations. We then develop our plans and changes to services by involving the community in our discussions.

The American Library Association (ALA) obtained a grant from the United States Government through the Institute for Museum and Library Services to advance the work of libraries in community engagement[3]. Under the heading "The Promise of Libraries Transforming Communities", ALA has begun work with The Harwood Institute and hopes to provide training and other support to libraries of all types to engage with their communities and become leaders in transforming those communities[4].

As libraries become more responsive to their communities, they can assume a much more central role in leading their communities to achieve their aspirations. Many libraries in the United States have already begun some of this work in ways that have made them much more central to their communities. We can see this in the way communities have risen up to protest cutbacks in library services resulting from the economic downturn and library funding cutbacks. As different parts of the community have told local, state and national governing bodies why libraries matter, leaders from all levels have begun paying more attention to the central role libraries are playing in the lives of their communities.

An illustrative example of a community fighting to maintain its library service can be found in Oakland, California just a couple of years ago. A grassroots community campaign fought successful to keep all Oakland branch libraries open[5] and continues today as a way of keeping the public's eye focused on the value of the Oakland Public Library. Much of this campaign was all about keeping each library in the 14 different Oakland neighborhoods open because of the importance of having the third place, as Oldenburg described.

Portland, Oregon is located in the northwest corner of the United States of America. The Multnomah County Library (MCL) serves Portland and surrounding communities, experiences very high demand, and is a beloved community institution. While the majority population served by MCL is Caucasian, there are thousands of residents from various ethnic groups also residing in Multnomah County including peoples of Hispanic, Chinese, Vietnamese, and Russian-speaking countries.

MCL focused on the need to serve these communities more effectively about a decade ago by totally revamping the collections of books we had in those languages. We spent time talking with and listening to the people from these communities so that we might better understand how our libraries could support the aspirations of the people who were now living in our community. We learned a great deal from these conversations. For example, most of the books we owned in the Russian language were ones that had been published during the existence the Soviet Union but the books that our Russian-speaking residents wanted were the classics of Russian literature. We employed concepts as described above by Richard Harwood; we turned outward and listened to the peoples in those communities.

We also recognized that we had an opportunity to share the cultures of these minority communities with our broader community. About 10 years ago, we began organizing celebrations of the Lunar New Year and involved the many talented Chinese and Vietnamese residents of our communities[6]. The first year we held this celebration, we had to turn people away at the door to the library because so many people wanted to attend. Each year, library staff has worked with members of the Chinese and Vietnamese communities to organize more programs celebrating this important cultural holiday. Each year, the success of the program reminds the library once again of the importance and value of celebrating different cultures within our overall community. Each year, it is by "turning outward" that the library is able to offer a celebration that is meaningful to the Chinese and Vietnamese communities and also valuable for learning and understanding other cultures for people from other ethnic and racial groups. What we learned at our very first Lunar New Year celebration nearly a decade ago was that we had as many people who were not of Chinese or Vietnamese heritage who wanted to learn about this cultural celebration as we had Chinese and Vietnamese community residents. In other words, cultural celebrations provided opportunities for creating understanding across cultures, not just celebrating one's own culture.

Thousands of communities in the United States also celebrate events tied to various cultures, and these celebrations are often led by local public libraries. In fact, these events have become so important to local public library's leadership in their respective community that libraries can become the primary place where these celebrations are hosted. An example of a nationwide celebration focused on the Hispanic community is "El Dia de los Ninos, el dia de los Libros" (translated "day of the children, day of the books"), a program launched many years ago and now not only celebrated by local public libraries around the country but also supported by national organizations such as the American Library Association[7]. These festivities turn into great community gatherings, bringing together people from all walks of life, to celebrate children's reading and literacy.

Another example of how an urban public library can focus attention on cultures within its own community or cultures in the wider world can be seen in the "One Community, One Book" programs. Originally launched by the Washington State Center for the Book at the Seattle Public Library in 1998, these so-called "One Book" programs offer opportunities to explore other worlds and other cultures by focusing on a culture as presented in a book, usually a novel. An example can be seen in the book *The Kite Runner* by Khaled Hosseini, first published in 2003. This novel is set during three different periods in Afghanistan and provides rich details about life during those times. Many library communities have used this particular book for their "One Book" programs and have presented a variety of different programs, lectures, and performances, all intended to give the local community a fuller and richer understanding of the history and culture of Afghanistan.

Each year, a different book is selected and a wide variety of programs are planned around the subject of the book. In 2014, the Multnomah County Library will "celebrate the power of books in creating a stronger community" by reading US Supreme Court Justice Sonia Sotomayor's autobiography *My Beloved World*[8].

Once again, a national organization, the National Endowment for the Humanities (NEA), stepped forward to support a program started by one public library, which spread across the nation. Under the title "The Big Read"[9], NEA offers support through a "Reader's Guide", a "Teacher's Guide", an "Audio Guide", sometimes a film, and sometimes also available in Spanish (the second most prevalent language in the United States after English). By choosing a book from the NEA's list, local communities are able to build a series of programs focused on the issues and ideas covered in the book. Each community can choose what is most relevant and of interest to the local population, embracing an opportunity to celebrate cultures as well as educate resident about other cultures.

Another way that public libraries can inform and celebrate cultures is to provide space for exhibitions and programs. Most large public libraries in the United States and in other countries around the world include spaces that allow for exhibitions to be shown and programs to be presented. In recent years, libraries have been helped to fill these spaces and places through national traveling exhibits offered by American Library Association's Public Programming Office[10]. Through exhibits and programs supported by a national office, the ALA's Public Programs Office provides a wide-ranging library of cultural programs as well as a forum for exchange for those engaged in cultural programming across the cities and communities in the United States.

The latest exhibition to be offered is entitled "Bridging Cultures: Poetic Voices of the Muslim World"[11]. This exhibition is currently touring major cities in the United States, based on where larger populations of Muslims are living. Creating better understanding and an opportunity for dialogue across communities is a major goal of these traveling exhibits as well as a goal of individual libraries. Due to the way that libraries are perceived in the United States, i. e. as unbiased, apolitical entities, libraries can draw people into our "third cultural space" to view and learn about other cultures as well as celebrate their own.

Also launched in recent years is a new website[12] to support those engaged in programming in libraries of all types. As cultural programming has grown in popularity, providing opportunities for sharing and learning has become an important role for a national association such as ALA. Through a variety of programs at national conferences as well as many online learning opportunities throughout the year, the ALA Public Programming Office makes it much easier for library staff to explore different types of programs and exhibitions in local libraries serving diverse populations.

One of the keys to reaching a broad audience within a community continues to be looking for partner organizations that share goals with the library. Building networks helps expand audiences, reaching people in the community who may not be aware of how the library offers services of value in the lives. Over time, most public libraries have built relationships with other community organizations. One of the points that the Harwood Institute stresses is the importance of finding the right partners for each activity. In some cases, longtime partnerships may not be the right ones because organizational missions may have changed over time. At the same time, new organizations may have been founded or existing organizations may have expanded their missions and may offer new opportunities for collaborations. Typically, urban public libraries in the United States look to partner with:

- universities and other scholarly organizations;
- public schools where students of all ages could be involved;
- the press and other media which can promote their support of community priorities;
- service organizations;
- nongovernmental organizations (NGO's) that share goals of creating better understanding within ethnic communities;

- arts and cultural organizations;
- other government entities and departments.

Expanded cultural programming also has benefits for other parts of the library's operations. Libraries house collections of books, video and audio recordings, and other materials covering a wide range of subjects. In addition, in the digital age, libraries develop finding aids for library customers using digital tools developed in the library. By linking cultural programs with other assets such as collections and digital resources, libraries can expand opportunities for community learning and understanding.

Another significant trend in the United States has been library and other community leaders rethinking how to create welcoming, inviting spaces. Particularly for many immigrants and low-level education individuals, libraries may seem like forbidden places that only are open to the highly educated, the wealthy, and those who are citizens. Reaching out to other populations within our communities has been central to public library service for decades. Part of the way we can be successful is by getting out into the community to share how libraries can support people and help change their lives. We can also restructure our spaces so that they are visible and inviting, so that people who pass by the outside of a library can see into the happenings within the library. When people see themselves reflected in those who are inside a library, they may venture inside when they may have hesitated in the past.

Seeing people like oneself in a library is also important when thinking about staffing. People new to a community are much more likely to feel welcome when they find members of the staff who speak their language and/or look like them. Word of mouth is one of the best ways to publicize the offerings of a library and nothing makes that happen faster than one person from another ethnic group, who ventures into a library and finds a staff member who offers assistance in that newcomer's language. Staff from different ethnic and language groups also can be very helpful in making connections and building networks in their respective communities as well as helping other library staff to understand cultural differences. Much emphasis has been placed in recent years in libraries in the

United States in training and learning about how to become more "culturally competent", to serve library customers from culturally diverse backgrounds in ways that recognize cultural differences. Becoming culturally competent means understanding cultural differences and cultural mores. Most libraries have found it worthwhile to invest in training programs that help employees become more culturally competent, which results in people from different cultures feeling welcome and well treated.

Public libraries have existed in the United States for over 160 years. While some of the original functions and services have been in existence all of that time, the way that public libraries have not just survived but actually thrived is through flexibility and adaptability. Today, libraries know that they must not only be willing to change but they must also be able to lead change. A primary key to thriving public libraries now is that they have returned to the idea of the library as place within their communities. They have embraced the idea that their communities are eager for gathering places and that these places allow the members and groups of the community to come together and share their cultures. This concept of libraries as cultural spaces within their communities has allowed libraries to expand their roles not just as the collectors and keepers of culture but also as leaders in educating and embracing different cultures, not just those of their community but also of cultures around the world.

Libraries will be able to sustain and strengthen themselves through continuing to engage with their communities and fulfill vital roles to meet the aspirations of their communities. The global environment in which we find ourselves in the 21st Century means that these roles will become even more important in advancing our societies in countries around the world. Indeed, libraries must continue to lead our communities forward to advance our understanding of the cultures around the world and fulfill our communities' aspirations.

References

1 Oldenburg R. The Great Good Place[M]. Cambridge, MA: Da Capo Press, 1999.

2 The Harwood Institute [EB/OL]. [2013 - 07 - 15]. http://theharwoo-dinstitute. org.

3 Institute of Museum and Library Services[EB/OL].[2013－07－18]. http://www.imls.gov/imls_awards_ala_grant_to_advance_library-led_community_engagement.aspx?CategoryId=1&F_All=y.

4 American Library Association[EB/OL].[2013－07－19]. http://www.ala.org/transforminglibraries/libraries-transforming-communities.

5 Save Oakland Libraries[EB/OL].[2013－07－19]. http://saveoaklandlibrary.org/.

6 East PDX News[EB/OL].[2013－07－20]. http://eastpdxnews.com/general-news-features/%E2%80%98homegrown%E2%80%99-lunar-new-year-party-delights-library-celebrants/.

7 American Library Association[EB/OL].[2013－07－23]. http://dia.ala.org/.

8 Multnomah County Library[EB/OL].[2013－07－23]. https://multcolib.org/everybody-reads.

9 National Endowment for the Arts[EB/OL].[2013－07－24]. http://www.neabigread.org/.

10 American Library Association[EB/OL].[2013－07－24]. http://www.ala.org/offices/ppo.

11 American Library Association[EB/OL].[2013－07－25]. http://www.ala.org/programming/poeticvoices.

12 American Library Association, Programming Librarian[EB/OL].[2013－07－25]. http://www.programminglibrarian.org/home.html.

关于图书馆第三空间的思考

辛 欣

Thinking about the Third Space of Libraries

Xin Xin

摘要：本文介绍社会学中的“第三空间”理论，论述图书馆和“第三空间”的天然联系以及图书馆在“第三空间”中的地位和作用。

关键词：第三空间，图书馆

Abstract: This article introduces the theory of the third space in sociology, discusses the natural connection between the library and the third space and also the role and function of libraries in the third space.

Keywords: the third space, library

在中国的传统文化中，习惯把人类生存的世界称为“宇宙”，“宇”指空间，“宙”指时间，如同横向与纵向交叉的两个数轴。对于时间永无止境的流逝，人类不可逆转，但对于空间的打造与利用则是人对世界的主观能动性的最好体现。

随着科技的飞速进步和生产力的不断发展，人们对生存空间的思考越来越重视。法国“都市研究”领域著名的思想家亨利·列斐伏尔(Henri Lefebvre)指出：空间问题是当代人文社会科学必须认真对待的重大问题，空间性与社会性、历史性的思考应该同时成为人文社会科学的内在理论视角。在亨利·列斐伏尔看来，空间不仅是物质的存在，也是形式的存在，是社会关系的容器。他从哲学的角度把社会空间分为三类：“感知的”(第一空间)、“构想的”(第二空间)、“生活的”(第三空间)。第一空间指实际存在的物理空间，比如家庭、建筑、邻里、村落、城市、地区、民族、国家等；第二空间是内省的、哲学的、个性化的活动空间，最具代表性的形式是艺术；第三空间是将第一空间和第二空间功能的有机融合，可以说是一种文化的空间。关于“第三空间”还有另外一种说法。《读书》2007 年第 12 期有一篇文章《城市应当如何开发?》，其中提到奥地利斯普林格出版社曾经出版过《期望的概念》(副题是《城市对自己的未

辛欣，大连图书馆馆长，研究馆员。E-mail：xinxin_dltsg@ aliyun. com

来应该知道些什么》)一书,记录了奥地利第二大城市格拉兹来自不同领域的32位市民对未来城市的需求进行描述,有人提到了城市"第三空间"的概念,认为"第一空间"是居住场所,"第二空间"是工作场所,"第三空间"是情感、精神之所,如博物馆、公共图书馆、公园、沙龙等。美国学者雷·奥登伯格(Ray Oldenburg)在《绝好的地方》(The Great Good Place)一书中提到:"第三空间"是一个公共交流的地方,没有职场的等级意识,没有家庭角色的束缚,人们可以自由地释放自我。"第三空间"的特征是自由、宽松、便利,并具有积聚人气和资源的功能。奥登伯格在该书序言中,把第三空间的功能描述为:"人们相互交流、吸纳、融合的场所"(uniting the neighborhood, mixer, assimilation, sorting area),如邮局、药店或便利店,在上个世纪70年代前的美国,许多城市的邮局都曾是市民社交的场所,大家借着寄发邮件的机会进行交流;"互助的场所"(staging area, "do for one anther" as they would for blood relatives and old friends),退休人员能够平安度过养老的时光,父母有工作的孩子能够得到很好的照顾,人们在各种灾害和突发事件来临时能够互相帮助;"休闲、娱乐的场所"("fun" function, "joy in living");"行使政治权利的场所"(the political forum of the common man);"智力培育的场所"(intellectual fora)等。

比照上述空间概念的界定,图书馆是众多"第三空间"角色中的突出代表,其多种功能与"第三空间"的内涵相吻合。2009年8月,在意大利都灵市召开的国际图联卫星会议上,图书馆作为"第三空间"的概念被正式提出,当时会议的主题是"作为场所与空间的图书馆",自此,图书馆作为人们社会活动的重要空间,如何发挥其特有的功能与作用,成为图书馆界以及社会广泛关注的话题。

与同属第三空间的咖啡馆、超市、博物馆等公共场所相比,图书馆的主要职能是为人提供阅读、学习的场所。从读者阅读和学习目的、动机与需求来看,图书馆作为"第三空间"最突出的作用有三个:"谋生""谋心""谋道"。

谋生。"君看随阳雁,各有稻粱谋。"(杜甫《同诸公登慈恩寺塔》)良好的生存技能是各社会时期人类追求的共同目标,特别是在目前激烈的竞争环境下,到图书馆读书的人群当中,有相当一部分是为了考文凭、考证书、寻找致富信息、提高职场能力,从而掌握更好的谋生之道。图书馆依托丰富的馆藏,借助文献咨询、借阅和文化培训的形式,可以为读者提供各种信息咨询和知识导航,在改变人生存条件和生活命运方面起着重要作用。另外,随着城市生活社会化程度的提高,图书馆的便民服务职能也不断强化,对改善和提高公众的生活环境和生活质量有很大帮助。在发达国家,图书馆不仅为读者提供与文献阅读相关的服务,还帮助市民解决生活中遇到的各种困难,如代办护照、代找工作、代为新移民子女申请学校、为有工作的父母照看放学的孩子等。在美国的图书馆,最近还推出了一项新工作,为了适应政府开展的电子公务,馆员要为那些不会用电脑的人在网上代申请养老和失业救助金。在那里,对于初次来到一个陌生城市的人,还可以找到市内交通地图和电话号码,图书馆作为信息集散地和知识导航的作用日益显著。

谋心。读书不求功名利禄,只为修身养性、提高文化修养,这是更深层次的文化需求。“养心莫若寡欲,至乐无如读书。”随着社会经济的发展和人民生活水平的提高,越来越多的人走进图书馆,通过读书获得心灵的陶冶,达到“读书养心,既养心情,又养心性,更养心力”的目的。2010年7月,深圳图书馆书刊部谭振坤曾发表过《深圳公共图书馆读者需求调查报告》,有一组数据反映了读者读书“谋心”的目的。在667人次到馆读者中,充实自我、提高文化素养者占到了75.88%。为了满足“谋心”读者的需求,图书馆首先要在藏书建设方面多做工作,让读者看到各种类型、各种形式有意思的书。去年在美国雪城(Syracuse)一个叫百德温斯的社区图书馆(Baldwinsville Public Library)看到一种有声读物,体积有半个手掌大,是由图书出版公司将新出的、热销的书朗读并录音,制作成专门为开车或行走的人在路途上听的书,很受大家的欢迎。另外,图书馆也应在引导市民修身养性、怡情娱乐方面下工夫,通过组织开展有趣的活动,让市民亲近图书馆、亲近图书。在我们国内的图书馆,通常开展的读书活动都是讲座、沙龙等,在国外图书馆,有些活动举办得非常有意思。比如在美国的公共图书馆(特别是县以下的图书馆)都设有儿童游乐区,在摆放儿童图书的同时,还准备了很多的儿童玩具,甚至还有专门部门和人员负责接收孩子们的信件,解答他们提出的各种问题。家长可以带着孩子到图书馆游戏,也可以边读书边游戏。通过这样的活动让孩子从小对图书馆就有一种亲近感,从而一生都会喜爱图书馆、利用图书馆,把它看成是除了家和学校之外最重要的场所。在美国的一些社区图书馆，还把阅读服务拓展延伸到家庭，馆员们在不同的季节里为居民准备天文望远镜、野营和露宿装备以及相关的图书资料，鼓励家庭外出旅游、学习知识、探索自然。

谋道。与"第一空间"和"第二空间"相比，"第三空间"由于范围的广泛和内涵的丰富，导致其社会性特点更为明显，在这里个人与群体的关系、个人在群体中的地位和归属感，以及群体对个人的影响作用都异常突出。如果说人在"第三空间"的活动可以称为是消费的话，那么这种消费不单纯指买东西，而是"一种记号的系统化操控活动[1]"。消费行为不是一种单纯的和满足需求的"被动"程序，而是一种"主动"的关系模式。这不仅仅是人与物品之间的关系，也是人与集体，与世界之间的关系，是一种系统性的活动和全面性的回应[2]。作为"第三空间"的图书馆肩负着社会教育、文化传播、公众人文素质培养，以及促进社会和谐、文明的职能，通过各种形式与手段对读者文化消费发挥着引导作用。读者在图书馆的活动不仅仅是人和图书文献之间的关系，还是人与集体和世界的关系，是一种文化的体现。关于文化，中国主张以"文"化人、化天下，"观乎天文以察时变，观乎人文以化成天下"(《易经》)。西方认为"文化是由人自己编织的意义之网，而人是悬在由他自己所织的意义之网中的动物"[3]。尽管对于文化的具体表述，东西方各有不同，但对于文化对人思想品德和社会风气形成所起的作用的看法是一致的，这也是图书馆作为人生活的"第三空间"所应发挥的职能和承担的使命。

随着时代的发展，图书馆早已由最初的文献借阅的场所，变成文化学习的机构。自上世纪末，国内各公共图书馆就开始引进讲座、培训、展览、沙龙等形式，深化读者服务，丰富社会教育职能。针对当前社会存在的各种问题，图书馆有责任发挥文化主力军的作用，开展有意义的活动，组织志愿者队伍，打造思想高地和教育高地，移风易俗，化民向上，为社会良性发展积聚正能量。国外在这方面也有很好的做法。在美国的阿灵顿图书馆(Arlington Public Library)有"爱心菜园"，由读者栽种蔬菜，提供给那些生活困难的人。在图书馆大厅还设有捐物箱，号召读者为生活困难的人捐赠物品。图书馆通过爱心活动弘扬公民美德，培养社会道德。

非常有趣，在构思本文时恰好读到了一篇文章，内容也是关于"第三空间"。文章说，经过医学和心理学研究发现，人的精神世界分为三个空间：

第一空间存放显意识，第二空间存放潜意识，第三空间存放灵魂。对于人的实际生活来说，图书馆既是谋生、获取知识、技能的场所，也是谋心、修身养性的地方，更是谋道、安放灵魂的天堂。

参考文献

1　让·鲍德里亚. 物体系[M]. 林志明，译. 台北：台湾时报出版社，1997.

2　包亚明. 第三空间：去往洛杉矶和其他真实和想象地方的旅程[M]. 上海：上海教育出版社，2005.

3　克利福德·格尔茨. 文化的解释[M]. 南京：译林出版社，1999.

以构建第三文化空间为导向的图书馆服务创新

谢 群 朱亚玲

The Library Services Innovation Based on Building the Third Cultural Space

Xie Qun Zhu Yaling

摘要：以第三空间的概念为切入点，探讨了作为第三文化空间的图书馆的服务内涵、服务特点。从图书馆物理环境建设、多元化信息提供、虚实结合的服务协同等三个层面，提出了以物理空间服务为基础、以虚拟空间服务为拓展的图书馆创新服务策略。

关键词：图书馆，第三空间，服务策略，信息共享

Abstract: Starting from the concept of the third space, the paper discusses the contents and characteristics of library service as the third cultural space, and from the aspects of physical environment construction, pluralistic information providing, and cooperation between the real and the virtual services proposes some innovation strategies for library services which take the physical space as the basis while the virtual one as the extension.

Keywords: library, the third space, service strategies, information sharing

1 引言

以美国社会学家雷·奥登伯格和后现代地理学家爱德华·索雅为代表的学者，分别从物理及精神层面阐述了“第三空间”的含义[1]。前者认为，在家庭的居住空间（第一空间）和职场（第二空间）外的，不受功利关系限制的公共空间都属于第三空间。在第三空间里，摆脱了职场中的上下级约束、家庭中各种角色束缚，人们可以自由、平等地学习与交流；后者则以空间的具体物质形态为基础，把第三空间引申为精神的建构，是关于空间及其生活意义表征的观念形态。从以上两种角度分析，第三空间的视域已从我们可触摸的物理空间，拓展到了更为开放、更为广阔、更为虚拟的精神空间。由此，引发了笔者如何运用图书馆的实体场所与虚拟资源，开展创新服务的思考。

2 构建第三文化空间的图书馆服务模式

2.1 作为第三文化空间的图书馆服务内涵

作为“第三文化空间”的图书馆服务内涵可依据两个层面进行解读：第一种，从物理层面，在家庭、职

谢群，长春图书馆馆长兼党委书记。E-mail：cclibxiequn@ sina. com

朱亚玲，长春图书馆副馆长，研究馆员。E-mail：zhuyaling@ sina. com

场以外，图书馆作为从事文化活动的重要场所，服务内容从传统的文献服务，拓展为自主学习、休闲活动、社会交流的重要场所，图书馆服务将成为市民享受文化服务的第三空间；第二种，从精神层面，图书馆服务从实体的文化场所——第一空间的文化服务，拓展为网络技术支持下的虚拟空间——第二文化空间的信息服务，直至延伸至融合物理空间、虚拟空间为一体的第三文化空间的知识服务，图书馆将成为一个虚实结合、多方协作、平等互助、开放共享的综合性的文化服务空间。

2.2 作为第三文化空间的图书馆服务特点

(1)自由平等、舒适自在。图书馆要从"书"的空间转变为"人"的空间，要从文献服务转变为人性服务。通过打造舒适的空间环境，向读者提供自主学习、社交、活动的机会，达到凝聚人气、启迪智慧和思想的目的。

(2)虚实结合，无处不在。图书馆服务将超越实体、空间、时间的限制，运用网络、全媒体技术，将信息与知识服务，嵌入到用户的信息环境，提供无所不在的内容及知识服务。

(3)全民共享，激励创新。图书馆是知识共享空间，汇聚了千百年的文明积淀，聚集了富于灵感、智慧丰盈的专家、学者，富有经验丰富、善于导航的专业馆员，在这里，有知识的交流，智慧的碰撞，每一个灵感的释放，都将成为创新的种子，促进社会进步、文化发展。

3 构建第三文化空间的图书馆服务策略

作为第三文化空间的图书馆，要以科学的建筑空间设计、开放的技术服务手段、便捷的信息获取方式，保障读者在图书馆所享有的最佳服务体验。

3.1 图书馆物理空间的环境建设

传统图书馆多以文献的载体形式，而划分为书刊阅览、读者自修、图书借阅等功能区域，突出以文献服务为主的建筑格局。而作为第三文化空间的图书馆，在建筑风格设计上应突出平等、自由、多元的价值服务取向。在功能设计上注重如下细节：

(1)建筑格局合理化。在大开间、全开放的文献服务格局基础上，适当设置相对封闭、舒适自由的休闲、创意空间，并提供相关的服务设施。如增设音乐厅、休息区、咖啡吧、茶吧，甚至美食快餐吧等，满足公众作为社会人所必需的对休闲娱乐、人际沟通和社交等的需求。

(2)功能设计多元化。在自修学习、文献借阅基础上,增加娱乐休闲、社会交流、协同学习、自我展示的功能。

(3)设施提供人性化。以读者活动、交流的需求出发,提供简易操作、方便使用的设施。如设立自助借还、自助存包、自助文印、自助餐饮等公共服务设施;配置无线网络端口、联网信息点、计算机、iPad、投影仪、电视机、音响、插座等现代化设备;提供演奏乐器、琴棋书画等休闲交流的设施等。

3.2 自由平等的物理性、多元化服务

图书馆是置身于经济发展与社会进步环境的生长体,是城市的文化中心,第三文化空间的图书馆要建设成为集商务功能、学术功能以及社区功能的聚集地,要成为多元化服务的实体主体。

3.2.1 提供休闲、交流、创意的社区服务空间

鼓励读者按自己的意志重新设计超越传统图书馆的新空间,并自主策划组织活动,如图书馆可在某一相对独立的物理区域,专门开辟一块"市民空间",根据读者的主题构思,设计出具有个性化、趣味性、艺术性的创意空间,并吸引市民参与其中。吸引市民自主组织开展各类文化活动,如讲座、报告会、沙龙、展览、比赛、艺术演出、音乐赏析、影视放映、手工制作等。辅助并开发市民自主管理的项目,如市民互动互助的教学活动、自娱自乐的才艺展示、爱心交融的亲子活动等。提供社区生活信息及便民服务,如提供就业信息、招生招聘、公告通知、房屋转让、出行路线、社区活动等与日常生活息息相关的信息等。

3.2.2 提供创业、就业、实用类行业信息服务

结合区域经济发展规划,提供企业发展与转型的战略服务,提供更多的创新服务项目。如:针对区域产业性发展规划,专门做出某个产业发展的战略调研,为企业提供前瞻性、专业性的信息参考;面对待业、再就业群体,提供企业用工信息,提供类似于猎头式服务;招募、组织、聚集各领域专业人士,开辟创意空间,促进人与信息、人与人之间的知识共享;开展资格类、考试类社会化教育培训,并颁发具有行业认证的资格证书,提供专业技术提升、行业技能信息服务。

3.2.3 提供综合性、艺术性、人性化的文化空间

图书馆要广泛开展合作,加强与博物馆、文化馆、美术馆、群众艺术馆

的合作，打造文化共同体，向社会提供文化创新、艺术交流的文化空间与舞台。如：吸引艺术院校、社会文化团体、艺术机构或名人名角建立“艺术工作室”，由艺术家或专家策划，组织社会人士开展活动，提供表演空间；开辟音乐、艺术等创意空间，配备录音、摄影、线性编辑等设施设备，吸引市民进行音乐创作、艺术切磋、表演展示，让图书馆成为个性设计、公众参与、全民共享的文化乐园。

3.3 虚实结合的开放性、一站式服务

在提供实体性、物理化的空间服务基础上，图书馆要充分借助于现代技术手段，不仅要提供大众性、物理性的信息空间服务，更要积极地参与到高层次的决策支持、科技研发、知识型服务之中。

3.3.1 构建专业性、互动性的学术共享空间

结合现代化技术的应用，通过整合图书馆人力资源、技术资源与开放共享资源，建立虚实结合的学术共享空间，向用户提供学习交流与科学研究帮助。在学术共享空间中，用户可在电子阅览室、学术讨论室、写作中心、商务间等物理空间中，利用现代化设备、应用软件、专业馆藏及网络资源，在馆员、同行专家和其他信息服务人员的协助下，相互交流、互学互动，从而达到动态研究、协同互助、教育科研、资源共享、知识再造的目的[2]。

3.3.2 整合各类资源，提供一站式服务

一是要进行空间结构的整合，不仅提供实体空间服务，更要提供虚拟咨询、知识导航服务；二是要进行组织机构的整合，将跨行业、跨部门的服务机构进行有效的网络化管理，建立科学的工作流程；三是进行信息资源的整合，不仅要连接馆内资源，更应重视网络化、全球性、开放性、共享化的资源的利用；四是要进行服务功能整合，除了提供图书馆信息服务之外，还要开展与行业专家及社会力量的合作，将图书馆的静态专题文献资源、社会中的动态专家资源进行有效利用[3]。

3.3.3 便捷、适用、共享的虚拟空间服务

随着WEB2.0、SNS、SL(Second Life，第二生命)及新媒体技术的广泛应用[4]，图书馆要探索搭建虚拟知识社区空间，将跨组织、跨地区的专家学者、参考咨询馆员、行业协会会员等具有共同兴趣或需求的人借助计算机网络聚合在一起，通过在线知识库、知识门户、Web会议系统、协同项目环境、信息交互、专业导引工具、分类技术、虚拟现实、知识地图等，使参与者

之间形成良性互动[5]。目前,图书馆界所开展的虚拟参考咨询服务就是新技术应用的探索实证,不远的将来,在由现实向虚拟服务的演变进程中,沉浸式3D虚拟服务、手机漫游交互服务、嵌入用户信息环境在线服务、全球化虚拟的"一站式"联盟服务等,都将为创造性、开放性和社会性的信息服务提供强有力的技术支撑与保障。

4 结语

作为第三文化空间的图书馆,已从现实的物理空间服务,扩展为融合现实—虚拟的复合型服务,依托馆藏实体、信息技术、协同团队,将在广泛的跨领域协作、深度的用户参与及联盟的协同服务中,实现便民、利民、惠民的资源共享与知识服务。

参考文献

1 侯斌英. 去往真实和想象的空间的旅程——析爱德华·苏贾的"第三空间"理论[J]. 新疆大学学报,2010(2).

2 陆浩东,戴艳清. 基于信息共享空间的图书馆协同信息服务实现[J]. 图书馆学研究,2011(6).

3 王琼,王群. 融入 Second Life 的高校图书馆虚拟参考咨询服务探讨[J]. 图书情报工作,2012(9).

4 Erdman J M. Reference in a 3D virtual world: Preliminary observations on library outreach in"Second Life"[J]. The Reference Librarian,2009,47(2).

5 江涛. 基于知识协同的图书馆虚拟咨询团队知识共享机制研究[J]. 情报理论与实践,2013(2).

图书馆:"第三空间"还是"第三文化空间"

李超平

Libraries:" The Third Space" or " the Third Cultural Space"

Li Chaoping

摘要:第三空间理论的提出为推动图书馆服务提供了新思维、新路径与新方向,因而就有了"图书馆作为一个空间"的世界性话题。本文对照第三空间理论审视了"第三文化空间"的概念,对该概念提出了异议。

关键词:第三空间,第三文化空间,图书馆

Abstract:The launch of the third space theory provides new thinking, new path and new direction to promote libraries' services, and then, "library as space" becomes a worldwide topic. This article surveys the notion of "the third cultural space", by comparing to the third space theory, and challenges this notion with its own opinion.

Keywords: the third space, the third cultural space, library

1 关于图书馆,我们所经历的认识路径

在很长的时期内,我们把图书馆看作是一个机构。当我们眼里的图书馆是一个机构时,我们看待它是用一种看待机构的眼光,关注的焦点是一个机构的运行。一个机构的运行是相当复杂的事情,涉及人员、馆舍、设备、资源,以及对资源的组织与保存,通过人员管理以提升工作效率等问题。作为机构的图书馆虽然也有它的服务对象,但服务对象是从属于机构的,即只有机构运转好了,才能让服务对象满意。

后来,我们看待图书馆的眼光变了,我们认识到图书馆是一个服务设施,是一种信息保障制度。这意味着,"服务"和"保障"成为我们看待图书馆的出发点。机构仍然存在,但我们不再关心怎样让机构运行得更好,而是关心怎样把服务和保障做得更好,具体地说,就是怎样满足用户需求,怎样让服务对象成为用户,怎样提升用户体验,怎样获得用户的好感,等等。这种眼光下的图书馆是不同于作为机构的图书馆的,比如,比起资源的总量增长,我们更关心资源的利用率;比起让一个机构井然有序,我们更关心有多少人在乎它、走进它并利用它所提供的一切服务;比起图书馆员在管理上的方便,我们更关心用户在使用上的方便。

李超平,浙江大学信息管理系,副教授。E-mail:mingzhiguwen@163.com

再后来，"图书馆作为一个空间"的话题出现了，把图书馆作为一个空间来看待，这与前面两个视角并没有直接的逻辑关联，因为"空间说"并不涉及职业伦理问题，而是一种策略，它意味着这个职业开始在一个更广阔的视野里构想它的未来。James K. Elmborg 认为至少可以从两个方面来看待它的意义：一是图书馆发展方式的多样化，二是在人们的生活方式更具有流动性的当今世界所具有的特别意义[1]。

看待图书馆的眼光所发生的变化，既有内生因素，也有外生因素。内生因素是图书馆职业对自身社会使命的认知处于不断校正的过程中，校正的目的是能够给自己一个更准确的定位，图书馆的所有服务策略都需要建立在在清晰的定位之上。所以，"图书馆作为一个空间"其实是图书馆职业在基本确立了自身的定位之后寻找发展策略的一种尝试，富于智慧的策略无疑有利于在更宽阔的范围内获得社会的认同，并触发公众的使用热情。外生因素是图书馆面临着多方面的冲击，比如：多元化的休闲方式对闲暇时间的争夺，导致人们的阅读时间大大减少；互联网成为人们获取信息与阅读资源的重要渠道，甚至是主要渠道……这一切，使这个职业的从业者正经历着前所未有的危机感："图书馆无论是从机会还是声誉上都再也无法承受那些忠实用户的离去……图书馆正在变成没有多大实用价值的古董而不是开启未知世界大门的钥匙，尽管我们相信它们曾经是。"[2]但谁都明白，一味沉浸在这种悲观情绪之中只能加快这个职业的衰亡，唯有改变与突破才有可能带来生机。既然图书馆在文献资源上的优势正在丧失，那么图书馆就需要挖掘别的优势，通过寻求新的服务领域来重建它的立足之地。

社会环境的变化总是不断地改变着旧有的格局，在形成新格局的过程中，每一支力量都在尽量地扩展自己的生存空间。当年图书馆的问世，打破了书店是人们获取阅读资源主要渠道的格局，而图书馆因其文献的贮藏几乎成为社会唯一的信息中心。互联网出现后，许多原本是图书馆做的事情被互联网取而代之，图书馆作为信息中心的地位大大下降。另一方面，被图书馆和互联网所挤压的书店开始悄悄地"图书馆化"，它们也放上了阅览坐椅，也举办各种跟卖书并无直接关系的活动，一个经营性的机构融入了更多的免费服务。再来看图书馆，在互联网和书店的挤压下，为了跟书店争夺服务对象，也悄悄地出现了"书店化"和网络化现象，比如开始重视营销，重视用户体验，像书店那样打造人性化的空间环境，像书店那样陈列和推荐新书，等等。互联网对于图书馆而言既是竞争对手也是合作伙伴，一方面图书馆依托互联网开展服务，大大提升了服务的便捷性，并且显示了在互联网大家族中独特的资源优势；另一方面，互联网进军“数字图书馆”领域，以其资金与技术优势在图书馆的服务领域“攻城略地”，使图书馆丧失了大量的用户。如此种种，打破旧的平衡，通过重新占位来形成新的平衡，这是图书馆发展的必然路径。从这个角度看，图书馆“空间说”的问世就是图书馆拓展服务领域的一种尝试，如果尝试成功，图书馆的发展将进入一个新的发展里程。

2 图书馆与第三空间

国外学术界针对空间的非地理学概念的研究始于上世纪70年代，一开始是将空间作为一个哲学问题来讨论的，1974年Lefebvre《空间的生产》一书是这一研究的标志，他把对日常生活、城市变迁与异化等现象的观察置于“空间”之中，这意味着，空间作为一个叙事主题不再囿于地理学和几何学，而是一个关于社会关系与社会秩序的命题，而在这一命题产生之前，人们对世界的认识仅仅是建立在时间/历史的纬度上，之后，人类生活中的许多问题被转移到“空间”纬度上，学界把这一转变称之为“空间转向”[3]。

在一系列“空间转向”的过程中，美国知名后现代地理学家Edward W. Soja从文化的视角研究空间问题，提出了“第三空间”理论。Edward W. Soja的研究核心是对“大都市”这一特定空间的批判性研究。他所说的“第三空间”是一种融合历史性、空间性和社会性的跨学科多元思维与研究视野，是三位一体的“三元辩证”。此外，国内外图书馆界近几年热炒的“第三空间”则来自另一位美国社会学家Ray Oldenburg，他的《绝好的地方》一书，已经成为图书馆界讨论空间问题的理论源头。Soja的第三空间与Oldenburg的第三空间所强调的东西并不一样，Soja的第三空间是一种认识论，这一认识论突破了物质与精神的二元认识论，故在范域、实质和意义上超越了物质世界与精神世界。而Oldenburg的“第三空间”是社会学意义上的空间，是一种客观存在——人及其活动的场所，通俗地表达，就是人们可以自由到达的公共场所。

Oldenburg对“第三空间”的所有解释性描述无疑深得人心，对于被现代社会城市化进程中所引发的各种社会问题困扰的人们,这些描述不仅直指最现实的社会问题,还以诗意的正向描述(即关于"第三空间是什么"的描述)触动人们的心扉。比如:

第三空间是一个中性的地方,很多时候,人们或许需要脱离自己熟悉的人际环境;

第三空间是一个具有包容性的地方,因而具有高可达性,即不设置进入门槛,不排斥任何人;

第三空间是一个让人忘记烦恼的地方,在这里置身于人群之中,摆脱孤独与忧愁;

第三空间是一个交流的地方,在这里,你总能找到合适的交谈对象[4]。

这些描述正好与图书馆职业始于本世纪初所关注的一个话题相契合——反对社会排斥,促进社会融合。相关研究表明,弱势群体、行为另类者等,往往难以有效参与社会生活,这种现象被称之为社会排斥。2000年3月,英国LIC发布了著名的报告《图书馆:融合的根基》[5],如果说社会融合是一个目标,实现这一目标的一种途径就是:在图书馆这样的公共场所,对所有人的不排斥,从不排斥开始,继而逐渐接纳、包容与认同,最后达到融合。所谓图书馆是促进社会融合的根基,在很大程度上与图书馆作为一个空间的客观存在有关,这个社会性的公共空间是滋生社会关系的一个重要场所。而挑战图书馆职业的一个问题是:在这样一个人人可以走进来的地方,怎样才能让所有的人愿意走进来呢?从LIC的报告中我们可以提炼出如下关键词:公平与平等、自由与尊重、同情与关爱、学习与冒险等,从这些关键词中我们看到了图书馆既有哲学意义上的第三空间价值,也有社会学意义上的第三空间的特质。

Oldenburg第三空间理论对于图书馆的意义可以从两个方面来理解:第一,从社会整体的角度,第三空间具有整体上被需要的意义,从这点看,图书馆作为第三空间之一种,有存在的理由并且有获得更好发展的理由;第二,对于图书馆而言,第三空间理论为设计图书馆服务提供了一种新思路。首先,突破了围绕资源打造服务的传统思维模式。在"空间"这一理念之下,即使是图书馆的馆藏,也被看作是被文献分类法组织起来的结构化的知识空间;而图书馆的不同物理区域犹如城市与乡村里的不同社区,在每一个“社区”里人们总能找到志趣相投的同伴[6]。因此，图书馆服务可以围绕“社区”来打造，比如阅读的空间、艺术赏析的空间、交流的空间、学习的空间、作品展示的空间等。其次，“空间说”为图书馆的宣传推广提供了一个不错的话语平台，比起单纯的文献借阅，以“空间”为说辞的宣传话语要丰富得多。

3 对第三文化空间的质疑

Oldenburg对社会空间的划分是完全划分，即用第一空间、第二空间与第三空间把整个社会空间分成了三个部分，这三个部分就是人的全部活动范围。第一空间是家庭，这是一种私密的空间；第二空间是工作空间，有一定的开放性，但其可达性有限；第三空间则是公共空间，是一种开放性的空间，面向所有社会成员，具有高可达性。可见，Oldenburg对空间的划分不是依照空间的功能，而是按其社会属性来划分的。比如作为第一空间的家庭，它可以有多种功能，除了日常生活之外，也可以有许多社交活动、娱乐活动、学习活动等，但究其社会属性而言，它是一种私人化的空间，主要为满足家庭成员的生理、心理需要而存在；作为第二空间的工作场所，通俗地说，是人们为谋生而付出劳动的社会场所，它也可以有多种功能，比如除了经济活动、管理活动等之外，也可以有娱乐、文化、社交类活动，但究其社会属性而言，它是一种仅对有契约关系和业务关系的人开放的空间；第三空间，作为各类公共空间的集合体，其功能更是多元化，通常，每一种具体类型的空间都会有它的主要功能，但也会有许多次要功能，如餐馆的主要功能是提供餐饮服务，但也兼具社交、娱乐等功能。第三空间究其社会属性而言，就是开放性与高可达性。

在第三空间概念被热议的背景下，一个相仿的概念——“第三文化空间”又被提出。关于这个概念，在不同范围内被讨论过，受到的质疑超过赞同。究其原因，这个概念无论从逻辑上还是从社会现实上看都存在值得商榷的地方。

首先，从社会空间划分的角度来看，属于不完全划分。很显然，这是以空间的某个功能——文化为划分标准的。提出者给出的空间划分是：第一文化空间是家庭文化空间，第二文化空间是工作场所文化（或组织文化、机构文化）空间，第三文化空间就是包括图书馆在内的以文化为主要功能的公共空间。提出者认为，之所以要提出第三文化空间，是因为第三空间不能反映像图书馆这类机构的文化传播特征，无法将图书馆这类公共空间与地铁等公共空间相区别。这意味着，在第一、第二、第三文化空间的划分中，并没有把所有的社会空间如地铁、餐馆等包括在内，这属于对社会空间的不完全划分，在逻辑上不完整。

其次，任何一种空间，其功能都不是单一的，也不是一成不变的。既然家庭、工作场所都有文化功能，为什么地铁、餐馆等场所就不能有文化功能呢？比如地铁，有报道称，纽约地铁就刻意打造地铁文化，在地铁里开辟涂鸦空间、营造阅读文化等，更有甚者，还在车厢里举办行为艺术活动，试图把地铁车厢打造成艺术沙龙[7]。随着地铁在城市公共交通中承担的作用越来越大，地铁文化必将成为城市文化必不可少的组成部分，而且这会成为普遍现象，2013年6月14日，上海出现了"端午民俗文化地铁专列"[8]。除地铁之外，餐馆等公共场所的文化功能也同样存在，如各类主题餐厅，就是一种餐饮文化的延伸，或者说是一种特定餐饮文化的打造。可以这样说，凡是人出入的空间，都拥有一定的文化功能，说得极端一点，连公共厕所都可以成为文化传播的场所。

再次，没有证据表明文化传播是图书馆的主要功能。文化传播的确是图书馆的诸多功能之一，但是不是主要功能需要论证。诚然，在中国，公共图书馆隶属于文化主管部门，但这只是政府的一种行政归属管理，并不能证明文化传播是图书馆的主要功能。实际上，世界各国的公共图书馆管理体制是非常多元化的，有像美国那样专门化的管理机构，也有像日本那样归属于集教育、科学、文化、体育等为一体的综合性管理机构[9]。用第三文化空间来强化图书馆的文化传播功能，实际上将弱化人们对公共图书馆职能的全面理解，很容易导致质疑：图书馆有支持个人终身教育的功能，为什么不是"第三学习空间"呢？图书馆有提供休闲娱乐的功能，为什么不是"第三休闲空间"呢？诸如此类。这意味着用第三文化空间来定义图书馆，反而限制了图书馆作为公共空间的全部意义，在一些关于图书馆作为第三空间的讨论中，都强调了图书馆对于学习、开发创造潜力等的作用，比如一项调查中，被访学生这样来描述他心目中的图书馆："图书馆是一个温暖的地方，在这里我可以探险。"[10]

最后，Oldenburg划分出的三种空间是界限分明的，空间之间都被一种鲜明的特征彼此分隔,使每一种空间具有识别性。但第一文化空间、第二文化空间和第三文化空间之间却没有明显的识别性。在家庭里发生的文化活动与在图书馆里发生的文化活动并不表现出明显的不同,比如家庭阅读活动、音乐赏析活动、影视观赏活动、饮茶活动、手工制作活动等,都与图书馆的文化活动高度相似。在实践中,图书馆职业不但不刻意区分图书馆文化与家庭文化的差别,反而尽量强调二者的同质性,或许正因为如此,杭州图书馆才提出了这样的口号:"图书馆是市民的第二起居室。"这不正说明图书馆作为一个文化空间在某种程度上与家庭作为一个文化空间是同质化的吗?如此看来,这第一文化、第二文化和第三文化的划分不但没有意义,反而造成认识上的混乱。此外,如果划分出来的第一、第二、第三文化空间的区别还是回到开放性的不同上面,那不正是 Oldenburg 的空间划分吗?

4 结语

尽管本文作者不赞同"第三文化空间"的提法,但将图书馆置于空间理论之上来规划它的发展是一件有意义的事情。James K. Elmborg 说,对于已经出现的关于空间的研究,其实我们脑海里对空间的想象还是空的,需要我们用思考与实践去填充它。的确如此,在第三空间的版图上,我们需要用不断的想象与付诸实践来把第三空间的"空格"转换成一个个实际的空间,这就犹如在整个第三空间世界中进行一场空间争夺,争夺的并不是实体空间,而是话语权与社会的认同感。而对于图书馆自身这样一个物理空间,我们能够赋予它多少来自第三空间的人文意义,能够创造多少具象的第三空间模样,这是需要图书馆人去好好做功课的。

参考文献

1,6,10　Elmorg J K. Libraries as the Spaces Between Us——Recognizing and Valuing the Third Space[J]. Reference & User Services Quarterly,2011,50(4).

2　Fisher P H, Pride M M. Blueprint for Your Library Marketing Plan[M]. New York: ALA Editions,2006.

3　Edward W S. 第三空间:去往洛杉矶和其他真实和想象地方的旅程[M]. 陆扬等,译. 上海:上海教育出版社,2005.

4　Oldenburg R. The Great Good Place [M]. New York:Paragon House,1989.

5 Libraries:The Essence of Inclusion[J/OL]. [2013－06－15]. http://www. ukoln. ac. ukrvicesc, 2000.

7 地铁文化承载着城市的品质[EB/OL]. [2013 －06 －15]. http://www. ccdy. cn/cehua/2012ch/subway/.

8 地铁车厢挂艾草体验移动端午[EB/OL]. [2013 －06 －15]. http://enjoy. eastday. com/smwhj/xwdt/u1a7454468. html.

9 肖容梅等.公共图书馆管理体制研究[J].中国图书馆学报,2010(5).

拓展公共图书馆的公共文化空间功能*

——谈"第三文化空间"

屠淑敏　粟　慧

To Develop the Public Cultural Space Function in Public Libraries

—About "the Third Cultural Space"

Tu Shumin　Su Hui

摘要：本文从"第三空间"理论出发，论述了公共图书馆拓展公共文化空间功能、打造市民生活"第三文化空间"的必然性和可能性，并介绍了杭州图书馆在公共文化空间功能拓展方面的探索和实践。

关键词：公共图书馆，公共文化空间，第三空间，第三文化空间，杭州图书馆

Abstract: This article expatiated the inevitability and the possibility of developing public cultural space function and creating a "third cultural space" for citizen in public libraries, based on the theory of "the third space". The article also introduced all explorations and practices implemented by Hangzhou Public Library in developing the function of public cultural space.

Keywords: public library, public cultural space, the third space, the third cultural space, Hangzhou Public Library

1　公共图书馆的公共空间价值和"第三文化空间"

1.1　公共图书馆和"第三空间"

图书馆自诞生以来就一直作为人类精神文化的殿堂和学术研究的城堡而存在，在人类文明发展和社会进步中有着神圣的地位和不可替代的作用。然而，随着计算机技术的发展和信息时代的到来，不可否认的事实是，图书馆的生存空间正在被不断地挤压，图书馆作为信息中心的地位逐年弱化，公共图书馆的读者到馆量、图书流通量、参考咨询量等服务数据全面下降。作为一种发展策略，图书馆人开始在更广阔的范围内思考未来，于是，"第二起居室""文化综合体"等，拓展图书馆作为一种社会公共空间功能的概念被相继提出。这其中，作为"第三空间"的图书馆是一种比较有代表性的观点。

有关"第三空间"的理论比较完整的阐述来自于美国社会学家雷·奥登伯格（Ray Oldenburg），他从

* 本文为浙江省重点创新团队（文化创新类）"公共图书馆向第三文化空间拓展研究与实践创新团队"项目研究成果之一。

屠淑敏，杭州图书馆，馆员。E-mail：tushumin@hotmail.com

粟慧，杭州图书馆副馆长，研究馆员。E-mail：suhui0706@163.com

社会学的角度将社会空间分成三个层次:家庭空间、工作空间和两者之外的其他空间,即“第三空间”。在他看来,第三空间是一个可供人们放松、消遣、聚会、交流的地方;是一个模糊了性别、年龄、阶级、职业等差别,可以让人和谐相处、彻底释放的地方;第三空间和一个城市的情趣与生命力息息相关,它的存在是人类最根本的需求之一[1]。按照奥登伯格的理论,对于公众来说,图书馆,尤其是公共图书馆自然就属于“第三空间”的范畴。一些图书馆人借用这一理论,提出将公共图书馆打造成为市民生活的“第三空间”,更多地展现图书馆在城市生活中休闲和有活力的一面。

“第三空间”理论对公共图书馆的发展无疑具有重要的意义。图书馆不再仅仅是传统意义上的知识中心、信息中心,还有作为社会公共空间的价值,可以是一个交流和文化休闲的场所,这大大拓展了图书馆的生存空间,提升了图书馆的社会存在感,可以说为处于发展瓶颈中的图书馆找到新的发展思路。在2009年8月意大利都灵的国际图联卫星会议上,“作为第三空间的图书馆”成为会议讨论热点[2];在2013年中国广州的“大都市的公共图书馆事业”国际学术研讨会上,“第三空间”仍然是被讨论得最热烈的话题。可以看到,“第三空间”理论正在被图书馆人广泛地接受。

1.2 公共图书馆和“第三文化空间”

在奥登伯格的理论体系中,“第三空间”主要是一个用于“人际来往和各类人群交流接触”的地方。他认为人们需要有一个聚会、聊天、放松身心,可以把对工作和家庭的忧虑暂时搁在一边的场所。“第三空间”外延较广,餐馆、咖啡店、美容院、杂货店、酒吧、书店、商场、城市广场等空间都属于这一范畴[3]。在涵盖如此广泛的概念中,公共图书馆与其他作为“第三空间”的场所比较,存在一些特质,其中文化属性尤为鲜明。因为公共图书馆是传播文化、守护记忆的基础文化设施,是传承优秀文化和聚集地方文化精髓的重要基地,是文化研究的保障基础和社会可信信息中心;公共图书馆是文化交流的重要枢纽,是国际文化交融、合作的有利平台;公共图书馆还是全民的社会文化教育课堂和创新智慧培育场,是多样文化产品的生产制作者和多元文化活动大舞台,是培养社会包容意识的公共空间,是休闲文化发展的促进器和大众免费文化消费的重要场所。“作为一个图书馆取得长期成功的关键是以本国或本地区的文化为基础。”[4]“第三文化空间”的概念更强调和突出“文化”对于公共图书馆的重要意义,凸显了公共图书馆的文化内涵,为图书馆公共空间功能的拓展规划了“文化”的大方向,对于公共图书馆准确把握未来战略具有积极的意义。

一个可以称之为“第三文化空间”的公共图书馆应该是怎样的呢?丹麦皇家图书情报学院的研究小组曾经提出过一个图书馆的理想模型,其中描述了图书馆所包含的四个相互有所重叠的空间(图 1)[5]:①学习空间,基于发现和学习新东西的空间;②交流空间,基于参与的空间,用户通过图书馆与各种不同的文化、人群进行交流,获得体验;③表演空间,基于表现自我、展示美的空间,通过展示达到宣扬个性、创新的目标;④灵感空间,基于体验、经验的空间,用户在利用图书馆的过程中得到启发,获得灵感,解决问题。我们认为,这四个空间的描述基本上可以比较完整地表达“第三文化空间”的内涵。作为“第三文化空间”的公共图书馆,其本质是在更广阔的层面拓展图书馆作为社会公共空间的功能,除了传统意义上的学习空间,公共图书馆还是知识社会中公众交流、展示自我和激发灵感的空间,是人人都可以享受的开放、自由、轻松的休闲文化生活场所。这个空间可以是物理的,作为人们面对面交流、学习、展示的实际场所存在,也可以是虚拟的,通过网络提供随时随地地图书馆文化生活体验。

作为“第三文化空间”的公共图书馆至少应该有以下一些方面的功能体现:舒适的空间布置和文化氛围营造;讲座、展览、沙龙、文艺演出等多种内容丰富、形式新颖的文化活动;鼓励用户自主参与的服务方式;方便快捷、界面友好的数字图书馆服务,等等。可以看到,“第三文化空间”的概念吸收了奥登伯格“第三空间”理论的精华,又在这一理论的基础上有所深化和发展,除了作为一个“人际来往和各类人群交流接触”的场所,在图书馆里还可以得到更多。

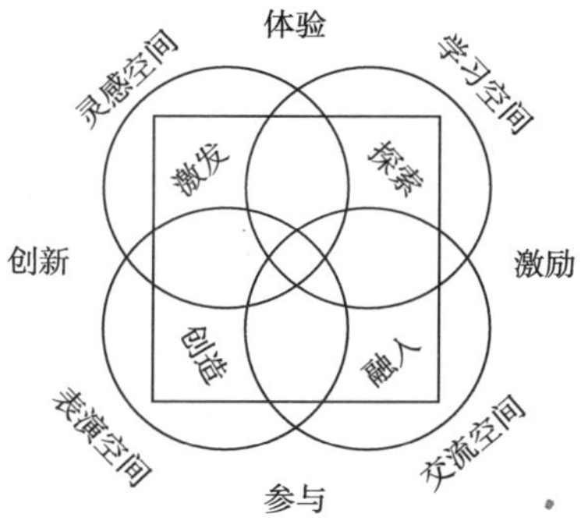

图 1 丹麦皇家图书情报学院研究小组的图书馆理想模型

2 公共图书馆成为“第三文化空间”是图书馆的必然发展

2.1 公共图书馆的公共文化空间功能是其使命的现代诠释

虽然“第三文化空间”理念倡导公共图书馆发挥作为城市公共文化空间的功能,但严谨地说,它并不能被标榜为理论创新,而是公共图书馆原本使命的现代诠释。联合国教科文组织颁布的《公共图书馆宣言》(1994)表达了全世界共同认可的公共图书馆理念,其中列举的公共图书馆12条主要使命中,就有“提供个人创造力发展的机会”“激发儿童和青年的想象力和创造力”“提供接触各种表演艺术文化展示的机会”“保证市民获取各种社区信息”等要求公共图书馆承担公共文化空间职能的条目[6]。事实上,西方很多公共图书馆也在不遗余力地践行这些使命。我们今天再一次提出这样的概念,一方面是基于社会的不断进步和图书馆生存环境的变化,促使图书馆需要更加广泛和深入地拓展作为公共文化空间的职能;另一方面是因为在我国,由于国情的特殊性使得公共图书馆原本该有的这些功能并没有得到普遍的体现,倡导公共图书馆发挥作为城市公共文化空间的作用显得更加迫切和必要。

2.2 公共图书馆生存环境变化的必然

信息技术的发展使得图书馆的生存环境发生了很大的变化。功能强大的搜索引擎和丰富多彩的网络空间正在成为公众获取知识和信息的主要渠道,公共图书馆传统服务面临同类产品的激烈竞争,优势不再明显、竞争力每况愈下。在这样的情形下,为公共图书馆拓展“传统”之外的服务领域,争取更广阔的生存空间变得更加迫切。发展公共图书馆的公共文化空间功能,打造公共图书馆成为市民生活的“第三文化空间”,正是公共图书馆争取生存空间的有效途径,可以说是信息时代公共图书馆生存发展的必然选择。

2.3 公共图书馆用户需求变化的必然

物质文明和精神文明的快速推进也带来了公共图书馆用户需求的变化。传统的图书馆用户需求多集中在信息获取方面,人们到图书馆最多的行为是阅读文献和获取信息。但是,随着文献和信息获取方式的增多和人们对精神文化生活要求的提高,简单的文献服务已经不能满足于公众对图书馆要求,他们希望在这个空间里可以获得更多。比如,环境更加舒适,可以坐下来聊天，自由地交流；服务内容更加丰富，可以满足更多层次的文化需求；服务方式更加多样，可以更广泛地参与，激发灵感，共同成长。从信息文献机构到作为公共文化空间的社区生活中心，是用户对公共图书馆的新要求。

2.4 公共图书馆作为保障公民文化权利重要机构的必然

公共图书馆的产生与发展就是为了保障公民的文化权利。1852 年诞生的曼彻斯特公共图书馆是世界上第一家现代意义的公共图书馆，它对所有社会公众免费开放，提供知识和信息服务。我国现代意义上的最早的公共图书馆——古越藏书楼，也是因为其“开放”的办楼理念成为开历史先河的里程碑。但是，仔细考察这些图书馆，就会发现，虽然他们都在为实现公民的文化权利而努力，但其保障的基本上只是公民“享受文化成果的权利”，对于公民“参与文化活动的权利”以及“开展文化创造的权利”涉及的并不多。为了完整地实现公共图书馆保障公民文化权利的责任和使命，必然要求公共图书馆开拓作为公共文化空间功能，以提供给公众更好的文化体验和文化创造空间。

2.5 公共图书馆作为政府推进公共文化服务重要抓手的必然

公共图书馆事业是公共事业，其公共精神和普世价值与公共文化服务体系“普遍均等、全民共享”核心理念是完全一致的。公共图书馆能够完整地诠释公共文化服务的内涵，体现公共文化服务的精神，是政府推进公共文化事业最重要的抓手之一。公共文化的服务对象是全体人民群众，要顾及全体人民群众的利益和需求。随着社会文化越来越多元，公共文化服务也面临着越来越复杂和多样化的需求。丰富公共文化服务产品，繁荣公共文化服务活动是发展公共文化事业的必然。作为政府推进公共文化服务的重要抓手，为了满足人民群众多层次、多样化的文化需求，公共图书馆必然要拓展多方面的功能，向着“第三文化空间”的方向努力。

3 拓展公共文化空间功能于公共图书馆是可行的

相对于其他任何一种文化机构，公共图书馆具有整体优势，可以更加完整全面地实现公共文化空间功能的社会组织。

3.1 公共图书馆有着最完善的体系架构

从纵向来看，公共图书馆服务体系包括中央、省、市、县、乡镇（街道）、村(社区)六级公共图书馆服务体系。从横向来看,地区公共图书馆服务体系主要有城市公共图书馆服务体系和农村公共图书馆服务体系两大块,城市公共图书馆体系主要是指大中城市的市、区、街道、社区四级公共图书馆服务网络;农村公共图书馆体系主要是指县、乡镇、村三级公共图书馆服务体系[7]。这样的体系架构涵盖了社会的各个层面,其广泛性和包容性使公共图书馆可以成为受众面最广的公共文化空间。

3.2 公共图书馆有着最丰富的内容构成

《公共图书馆宣言》规定了公共图书馆的12条主要使命,这12个方面是对公共图书馆服务内容的基本要求,它涉及各个层面,涵盖的范围相当广泛,信息提供、阅读推广、艺术能力的培养和展示、传承传统文化、促进文化交流、促进科技创新、支持个人教育和发展等都包括在内[8]。这些丰富的服务内容一直被全球各地的公共图书馆实践,发展到今天,各个领域都已经有了比较成熟的服务经验。可以说,在各种有可能成为公共文化空间的机构中,公共图书馆提供最丰富、最全面服务的可能性最大。

3.3 公共图书馆有着最完备的服务手段

图书馆是一个不断生长的有机体,它随着时代的进步而进步,一直与最先进的科学技术融合在一起,这种融合与进步使得公共图书馆发展出了最完备的服务手段。比如图书馆引进信息领域的无线射频技术(RFID)进行业务管理,创新了图书馆自动化管理模式,实现了图书藏、借、阅一体化的功能,提高了图书馆的工作效率,使得图书馆服务更加人性化,在安全性、准确性、可靠性和扩展性方面都有了很大的提高。数字图书馆也是图书馆结合网络和信息技术、打造服务新业态的卓越代表。数字图书馆全时空、全媒体的特点使得更加方便、快捷、优质、高效、不受时间和空间限制的图书馆服务成为可能,这是图书馆在物理空间基础上对虚拟公共文化空间功能的拓展与延伸。可以看到,与其他文化机构相比,公共图书馆实现和发展公共文化空间功能的技术更加成熟,手段更加完备。

3.4 公共图书馆有着最强大的服务支撑

如果从古老的亚历山大图书馆算起,公共图书馆从萌芽开始已经走过了将近2000年的发展历程。在这一漫长的过程中,图书馆学发展出了完整的,并且还在不断深化和成长的理论体系。同时,图书馆学还有着从本科教育到博士教育、从学校教育到职业教育的针对不同层级的完备的教育体系，可以为公共图书馆事业输送大批专业人才。学科理论和专业人才使得公共图书馆有了强大的生命力和不断发展的可能，也使得公共图书馆在拓展公共文化空间功能的过程中有了更坚实地支撑。

4　公共文化空间的功能并非取代公共图书馆的原有职能

需要强调的一点是，“第三文化空间”虽然倡导图书馆拓展作为公共文化空间的功能，但并不代表着此功能取代以文献信息服务为代表的公共图书馆传统功能。文献的采集、加工、储存、流通，信息的整合、提供，阅读行为的分析、阅读习惯的培养、全民阅读的推进，这些工作仍然是公共图书馆最基础的工作之一，也是公共图书馆拓展更多层面功能、实现可持续发展的基本条件。强调拓展，是在传统业务基础上的功能延伸，是两者的共同发展，而不是非此即彼的取代。“第三文化空间”不是一个虚无缥缈的空中楼阁，而是建立在文献工作基础之上的可以实现的公共图书馆未来形态之一。

5　杭州图书馆的探索

杭州图书馆一直注重图书馆内涵的丰富和服务的拓展，致力于为市民提供丰富和多样的文化服务，探索实践之路越走越宽广。

5.1　舒适的环境设计

作为一个现代化的图书馆，杭州图书馆在新馆建设之初就着力在空间、布局、功能、服务等方面体现亲民、舒适、开放、文化、适用的特点，努力为广大市民读者创造最方便舒适的阅读环境与活动空间。在整体设计上，新馆强调简约大气，空间设计错落有致、变化丰富，利用书架和沙发对各种功能区域进行“软分隔”，实现了各区块的无障碍贯通；在空间布置上，协调书柜、书桌、台灯、沙发的家居式功能，展现出温馨、轻松、愉悦的氛围，成为市民学习、交流、表演、创造的自由空间。

5.2　专业化的主题分馆

主题图书馆是通过特定领域（某一或多个领域）的专藏和服务来满足人们对专类知识和信息需求的图书馆[9]。它是公共图书馆服务体系架构不可缺少的组成部分，可以在实现基本服务的基础上凸显特色服务，为专业化服务搭建平台，同时，也是公共图书馆拓展公共文化空间的重要体现。

杭州图书馆在规划地区公共图书馆服务体系架构的时候就已经把主题分馆建设纳入在内,目前已建成音乐分馆、生活主题馆、佛学分馆、印学分馆、棋院分馆等多家主题分馆。这些分馆以丰富的文化信息资源、优雅的阅览场所、先进的技术设施,为读者提供了方便、舒适的文化信息共享空间;同时细分受众群,让广大读者便捷、个性化地享受相关领域的文化体验,赢得了市民的广泛认同

5.3 多元的文化活动

作为打造"第三文化空间"的一个重要内容,杭州图书馆在继承传统的基础上力求将多种文化内容、文化样式、传播形式容纳于公共图书馆的大空间中。讲座、会展、演出、沙龙、音乐欣赏、阅读推广、文献出版、视频制作不一而足;生活保健、心理健康、教育辅导、时事点评、科学普及、历史人文、旅游休闲、手工劳技、文艺汇演、交流比赛、艺术欣赏、中外文化交流等涉猎广泛;参与人群囊括未成年人、中老年人,残障人群、农民工等各个年龄段和阶层。多样的文化服务,从各个方面拓展了公共图书馆作为公共文化空间的功能,满足了不同阶级、层次和文化背景人群的文化需求。

5.4 自由开放的读者参与和体验

作为"第三文化空间"的公共图书馆,读者在图书馆中参与阅读设计、活动组织以及文化创作也是很重要的一个方面。杭州图书馆以开放的管理观鼓励读者参与图书馆业务设计与管理,为读者创造自由开放的文化参与和体验空间,通过"读者演给读者看""读者讲给读者听""读者写给读者看"等方式,成功打造出"市民合唱团""文澜沙龙""文澜大讲堂之我来做主讲""咏秋社""读者之友社"等多个读者自主活动品牌。在杭州图书馆,读者不再是单纯的被动接受服务,还可以是活动的主要策划者、管理者和创建者。

5.5 泛在化的数字图书馆服务

"第三文化空间"是一个实体存在的空间,也是一个虚拟的网络空间。杭州图书馆数字图书馆工程便是对虚拟空间中公共文化空间的最好实践。2010年,杭州数字图书馆"文澜在线"以"三网融合"和手机、电视、网站的多终端服务开业界先河,尤其是电视服务终端的推出在全国数字图书馆建设中属首例,实现了数字服务"进家庭,入手机,上桌面"。在服务功能上,数字图书馆与实体图书馆"第三文化空间"的发展目标是一致的,网络平台可以提供传统的文献借阅、知识导航、远程教育服务,也可以提供讲座、展

览等多媒体欣赏、线上互动等服务,用户可以通过数字图书馆学习、交流、激发灵感、展示成果。数字图书馆成为实体图书馆之外的又一个学习空间、交流空间、灵感空间和展示空间,虚拟空间的拓展为公共图书馆公共文化空间功能的实现提供了更大的可能。

6 结语

公共图书馆正在经历着一个变革的时代,拓展公共文化空间功能是公共图书馆发展的必然。当然,不管如何变化,公共图书馆作为文化机构的核心本质是不会也不应该变的。公共图书馆在传统的基础上能够有所创新,可以为公众提供更加自由、轻松和愉快的文化生活方式,成为城市中最能体现文化多样性、最有活力、最能满足市民品质文化生活的场所,这是拓展公共图书馆公共文化空间功能的目的,也是我们提出"第三文化空间"的初衷。

参考文献

1,3 Oldenburg R. The Great Good Place[M]. New York:Paragon House,1989.

2 吴建中. 作为第三空间的图书馆[EB/OL]. [2011-08-26]. http://www.wujianzhong.name/?p=667.

4 联合国教科文组织,国际图书馆协会. 公共图书馆服务发展指南[M]. 上海:上海科学技术出版社,2002.

5 Thorhauge J. From Classical to Digital Public Libraries [EB/OL]. [2011-08-27]. http://www.bibliotekogmedier.dk/fileadmin/user_upload/dokumenter/om_os/Direktoeren/Taler_og_praesentationer/2011/From_classical_to_digital_public_libraries.pdf.

6,8 联合国教科文组织,国际图书馆协会. 公共图书馆宣言[J]. 图书馆学刊,1996(6).

7 王学熙. 公共图书馆服务体系建设的现状与对策[EB/OL]. [2013-07-20]. http://wenku.baidu.com/view/ef578640be1e650e52ea9953.html.

9 王世伟. 主题图书馆述略[J]. 山东图书馆学报,2009(4).

城市自助图书馆的建设与管理研究
——以武汉市24小时自助图书馆项目为例

李静霞 张 颖 王 红 叶 莉 江 丽

Research on Construction and Management of City Self-service Library
—Taking the Project of Wuhan 24 Hours Self-service Library as an Example

Li Jingxia Zhang Ying Wang Hong Ye Li Jiang Li

摘要：通过武汉市24小时自助图书馆项目的建设实例，从功能创新、关键技术、运营管理等角度对城市自助图书馆的建设与管理进行分析与研究，并提出了城市24小时自助图书馆项目建设中需关注的若干问题。

关键词：自助图书馆，建设，管理

Abstract: Taking on the project of Wuhan 24 hours self-service library as an example, this article analyzes the construction of city self-service library viewing from such perspectives as function innovations, key technologies and operation managements, and accordingly proposes some noticeable problems involving in the construction of city 24 hours self-service library.

Keywords: self-service library, construction, management

李静霞，武汉图书馆馆长，研究馆员。E-mail：993492087@ qq. com

24小时自助图书馆系统是借助现代化的网络技术和智能控制系统，通过系统终端设备直接为广大市民就近提供自助办证、自助借书、自助还书、书目查询等图书馆的基本服务，被图书馆界誉为"第三代图书馆"。2008年4月，深圳图书馆在全国率先推出自助图书馆服务系统。此后，深圳、北京、上海、天津、西安、合肥、广州、东莞等城市的24小时自助图书馆也如雨后春笋般纷纷遍布闹市街头。自助图书馆在国内发展如此迅猛，究其原因是因为它创新了图书馆的服务模式和服务手段，通过延长图书馆服务时间，延伸图书馆服务空间，做到真正实现图书馆"365天天天开馆，24小时时时开放"的服务形态，极大地提高了图书资源的利用率。

1 武汉市24小时自助图书馆项目的建设背景

在武汉市2012年的政府工作报告中，把丰富群众文化生活，建设一批24小时自助图书馆纳入市政府十件实事。2012年12月26日，第一批25台自助图书馆经选址推荐、现场勘查、专家论证，相关部门同意后正式对外开放，主要分布在7个中心城区和3个开发区的商业步行街、文化广场、公园、大型社区等人流密集、交通便利的公共区域。2013年，该市还将在远城区建设第二批25台自助图书馆，以满足更多读者的文化需求。

武汉市24小时自助图书馆主要依托武汉图书馆馆藏资源，集合自助借还书、图书续借、文献查询、数字资源利用及武汉地区公共文化信息发布等多项服务，市民自助办证、借书、还书可两分钟完成。每台服务机可存近500本图书供外借，并可存放近300本读者还书，目前单机藏书量和可外借图书量为全国同类项目最多。读者持武汉图书馆读者证或武汉通可借服务机上的图书，并可在25台自助图书馆及武汉图书馆进行通借通还，2013年还将把13个区级图书馆的图书纳入自助图书馆的通借通还服务中，形成以武汉图书馆为核心的公共图书馆网络服务管理体系，使全市公共图书馆的文献进行流通循环，读者可共享全市公共图书馆的文献资源。

2 24小时自助图书馆服务机的创新功能及关键技术比较

2.1 24小时自助图书馆服务机的创新功能

相对全国其他城市，武汉市建设的24小时自助图书馆不但保留了自助借还、图书续借、文献查询等基本功能，而且还在许多方面进行了功能拓展与创新，方便读者利用智能阅读终端，享受现代科技为人们的文化生活带来的无穷乐趣。

第一，通借通还服务。支持全市公共图书馆大流通模式的通借通还，实现全城借还书无障碍。

第二，数字资源服务。持证读者可在24小时自助图书馆服务机附近，通过WIFI，利用手机、iPad或笔记本等智能终端安全浏览、检索及下载图书馆丰富的电子图书、期刊等各类数字资源。

第三，文化信息服务。服务机侧面的超大屏幕可面向读者24小时滚动播放城市形象宣传、场馆活动预告等各类公共文化服务信息。

第四，第三方支付服务。支持城市一卡通等第三支付方式，方便读者办理因图书超期而产生的滞纳金缴费等手续。

第五，云计算服务。具备开放式的数据接口，为读者提供网络环境下的个性化图书馆服务新模式。

2.2 关键技术比较分析

2.2.1 高频与超高频 RFID 技术的比较与选择

RFID(Radio Frequency Identification)即无线射频识别技术，又称电子标签，它通过无线电讯号识别特定目标并读写相关数据，是应用于图书馆自助系统的基础性关键技术，因此其工作频率的正确选择不可避免地成为图书馆自助业务应用系统建设中的首要环节。

2.2.1.1 高频与超高频 RFID 技术在图书馆的应用现状

据统计，截至2009年年底全国共有39家图书馆使用了 RFID 技术，其中使用高频 RFID 的图书馆为30家，使用超高频 RFID 的图书馆为9家。其实无论是高频，还是超高频 RFID 技术均可实现图书自助借还、图书防盗报警、标签转换、图书查找及清点、顺架整理的功能，但为什么目前全国大多数图书馆会青睐于选用高频 RFID 应用于图书馆业务系统中呢？究其原因，是因为高频 RFID 技术发展较早，技术相对成熟，拥有较多的系统供应商和解决方案集成商，从而降低了产品开发风险，因此得到多数人的认可。

表1 高频与超高频 RFID 特点比较

	高频	超高频
读取距离	小于1米	4米至6米之间，最大可达10米以上
标签价格	便宜	较高，一般是高频系统的10倍左右
穿透能力	强，不受无线电频率管制约束	弱，作业区域不能有太多干扰
隐蔽性	差，容易破坏	好，不容易损坏
稳定性	好	差
应用领域	电子车票、电子身份证、电子闭锁防盗、小区物业管理门禁系统等	集装箱识别、铁路车辆自动识别、公路车辆识别与自动收费系统等

2.2.1.2 选择高频还是超高频 RFID

根据以上 RFID 高频与超高频的各类性能比较，图书馆可根据自己的实际情况和项目需求(如:建设成本预算、系统应用范围及应用环境等)来选择合适的应用。例如，武汉图书馆原有的馆内 RFID 系统采用的是高频标签，现在新建的馆外24小时自助图书馆项目属近场应用，为了使两者之间能够无缝兼容,最终实现全市公共图书馆间的大流通、大循环,方便读者全城通借通还,因此该馆现在的新建项目仍然选择应用高频 RFID 系统。

2.2.2 多种借还取放图书技术方式在自助图书馆建设中的比较

城市 24 小时自助图书馆是一个集 RFID 技术、工业自动化控制技术、远程监控、远程控制技术、无线网络通讯技术等为一体的自动化服务系统,因而该系统的设计与开发会涉及许多领域的相关技术。其中机械控制、皮带传输两种关键技术的选择就决定了图书获取方式的不同。由于两者的工作原理不同,因而也存在各自的优缺点,见下表所示:

表 2 机械控制技术与皮带传输技术比较

	机械控制技术	皮带传输技术
工作原理	机械手根据系统指令完成图书定位及抓取动作,将指定架位图书送至出书口借出或将还回图书寻架到空架位放置	通过皮带循环链式传送机制,将指定架位号图书传送到推书口,通过推书装置将图书推落到出书传送带,输送到出书口借出;还回图书直接由分拣皮带按需传送落入分类箱
优点	• 藏书量大 • 图书完全直观展示 • 还回图书可自动上架,一定程度减少了物流和人工成本 • 内部装置模块化设计,维护方便	• 可有效实现各种需求的还书分拣 • 结合储书盒方式可一定程度减少图书破损 • 读者还书时对图书无方向性要求,比较人性化 • 设备价格较低
缺点	• 对机械手稳定性要求比较高,机械手位置偏移情况下使用可能会造成图书破损 • 对图书要求比较高,超高超厚超重以及封面过于光滑的图书均不能使用 • 设备价格较高	• 不能直观查看全部图书 • 无法自动上架,物流和人工成本无法有效控制 • 皮带传送机制技术比较陈旧,非模块化装置,维护比较困难

由此可见,两种技术的选用均有利有弊,图书馆可综合考虑其图书藏量、展示效果、运营成本等因素,选择最适合本馆实际需求的技术解决方案。

3　城市 24 小时自助图书馆项目运营过程中的管理机制

城市 24 小时自助图书馆是一种新兴的图书馆服务模式,其运营理念和管理方式也与传统图书馆存在着较大差异。在实际工作中,必须通过建立严格、完善、可靠的管理机制,建设严谨、高效、一流的管理团队来保障自助图书馆 24 小时正常运营。主要从以下几个方面着手:

3.1　集成式组织管理

组建 24 小时自助图书馆管理办公室,负责全市各点自助图书馆的运行、管理及维护工作,设置综合协调、物流及服务点管理、监控平台管理、系统及信息平台管理和服务平台管理等岗位,并根据各岗位的工作性质和职能制定岗位责任制,明晰职责范围和要求,确立管理专人专岗、维护专人专机、配送专人专车的管理制度。在管理办公室的指导下,设备厂商及物流公司等配合单位也相继组建技术支持和维护小组、物流配送和巡检小组;配备物流配送管理专用车辆,以保障全市各点自助服务机和管理系统平台的正常有序运行。

3.2　联合式平台管理

构建多方协调联动机制,实现管理办公室通过视频监控、系统管理、信息发布等操作平台,与配合单位进行实时在线沟通,解决各类问题或故障。若遇紧急情况,则根据事先建立的应急响应预案,采取专岗对接的方式,启用规范化的“1—2—12—24”应急情况处置模式,即:

- 1 小时内完成读者非故障服务咨询解答;
- 2 小时内对系统报警或读者投诉情况进行全系统通报,经综合分析后交由专人负责处理,并提出处置方案;
- 12 小时内完成报警或投诉问题的处置流程,经责任人确认无误后对读者进行结果反馈;
- 24 小时内完成机械故障的维修调试并向读者进行反馈。

对于短期无法解决的故障及问题及时提出处置方案,并保证专人负责后期追踪落实。

3.3　全方位服务管理

设立 4001000423 –5 服务专线,并配备专人提供咨询解答服务。对于每一个读者的来电来访做好信息登记和追踪反馈工作。对于读者反映的由于机械故障或误操作造成的借阅问题，通过调取、保存视频监控录像及时查找分析问题，对读者借阅信息进行实时更新，并提供电话或网络远程指导服务。

4　城市 24 小时自助图书馆项目建设需关注的若干问题

建设 24 小时自助图书馆，对于任何一个城市而言都是一种全新地尝试与挑战，不但要投入大量的人力、财力资源，更要做好各个环节的协调与沟通工作。因此，为促进项目能够健康、有序地顺利进行，在实际建设过程中需密切关注以下几个问题：

4.1　服务终端的布点规划

城市 24 小时自助图书馆项目作为市政府一项重要的文化惠民工程，服务终端的布点规划经过了市民推荐、专家论证、政府审批、实地考察等多项规划程序。为满足大多数市民的文化需求，选点尽量考虑了各类区域的均衡，社区、公园、学校、商业街均涵盖在内。

从此前的选点经验来看，安置地点的选择始终存在着“人流密集型”和“基层社区型”的矛盾。但是自助图书馆作为一个新兴产物，被市民广泛地认识和接受还需要一个过程。在这期间对自助图书馆进行项目式的宣传和推广显得十分必要。所以必须在强化推广宣传效应和兼顾基层社区之间找到一个平衡点。前期建设的第一批自助图书馆的分布侧重点放在人流密集区，更多地布设在了大型公园、商业街，第一时间抓住市民的眼球，有利于日后市民对这样的图书馆形式广泛地接受。同时也在一些新兴的文化氛围较好的社区布设了一些自助服务机，兼顾小区市民的需求。

4.2　自助图书馆设备施工及安装

自助图书馆设备由于体积大、占地广，并且对安装和施工环境有一定的要求，因此在施工安装过程中存在着吊装运输、多部门报批，网路、电路施工等困难。建议采取“政府统筹、市馆考评、区级落实”的方式。即由市政府或行政主管部门对各区文体局及城管、交管、园林、规划、供电及网络等相关部门进行统一协调部署，并将自助图书馆建设工作纳入各区文体局和相关部门的业务考核范围；由市图书馆负责各推荐点位的考察评估，并协助提供技术指导；各区文体局和图书馆负责对辖区内服务点位的选取，做好相关部门行政报批和业主单位的协调工作，落实网点硬件配备条件，与相关单位签订设备安置意向书，并配合做好后期开放运行的管理维护工作，为设备的安装、运输、施工提供良好的先决条件。

4.3　对馆员及物流人员进行技能培训

自助图书馆服务机的软硬件安装完成并接入管理中心之后，管理中心需要承担项目推广，接待读者咨询，调度物流配送和故障维修申报等诸多工作，因此，管理中心的工作人员不但需要掌握专业的业务技能，还需具备良好的沟通能力，以便做好运营管理过程中各个环节的工作。例如，管理中心长期频繁地与物流公司和设备厂商发生业务往来联系，这就要求管理中心的工作人员必须要经过专业知识培训，熟悉图书配送流程，了解设备维护常识，一旦问题发生，可及时作出准确判断并进行相应处理。同样，物流公司的图书配送人员也需学习图书馆的分类排架等相关业务知识，接受设备厂商提供的服务机软硬件规范操作培训。管理中心、物流公司、设备厂商三方只有保持良好的沟通，相互学习，彼此信任，才能建立顺畅、和谐的合作模式。

4.4　对读者服务进行宣传推广

城市 24 小时自助图书馆作为文化与科技融合的新兴产物，在使用初期，许多市民特别是中老年人可能因为对新事物、新产品的不熟悉而产生排斥心理，甚至拒绝使用，导致自助图书馆的流通利用率不高。因此，对此项新型服务的宣传推广，对正确操作流程的详细讲解都是十分必要的。例如，印制内容丰富、通俗易懂、图文并茂的宣传手册或操作指南，分发到自助图书馆各个服务点，让周边群众能够充分了解自助图书馆的服务功能；不定期在各个社区图书室举办小型读者培训活动，招募热心志愿者耐心指导群众掌握正确的操作方法。另外也可借助各种形式的媒体资源，加大自助图书馆服务功能的宣传力度，通过报纸、电视及网络等多种传媒渠道让市民了解自助图书馆为其带来的阅读便利，体验新科技产品带来的无限乐趣。

4.5　对系统功能进行拓展升级

随着高新科技的飞速发展，自助图书馆的服务功能也将会逐步升级，以适应人们日益增长的文化需求。因此服务机的软硬件设施需具备良好的拓展性。随着政府在文化事业上投入的加大，软硬件条件的逐步改善，可以将 24 小时自助图书馆网络与图书馆网站、图书检索系统、手机图书馆、甚至是微博进行全面整合，进行全方位的立体互动，给读者一个焕然一新的“智慧图书馆”的概念。

5 结语

武汉24小时自助图书馆项目建立起了全新的图书馆公共服务平台，提升了服务管理水平，使读者享受全天候的图书自助借还、借阅预约、信息查询、自助办证、一卡通等服务。这对真正构建覆盖城乡、惠及全民、便捷高效的公共图书馆网络体系，保障公民阅读图书等出版物的基本文化权益，实现图书馆制度创新、服务创新，真正保障公民权益、提升公民素质、提升人文精神素质、推进学习型社会建设、构建“读书之城”，起着积极的推动作用。

参考文献

1 钟新革. 东莞图书馆自助图书馆建设实践[J]. 图书馆建设，2007(2).

2 刘哲. “城市街区24小时自助图书馆系统”文献资源配置与服务浅析[J]. 深图通讯，2008(2).

3 万娜，李卫珊. 城市街区自助图书馆营运模式及统计数据分析[J]. 深图通讯，2008(3).

4 李星光. 城市街区自助图书馆运行现状及其完善思考[J]. 深图通讯，2008(3).

5 吴晞，王林. 人文关怀·现代科技·自助图书馆——深圳图书馆“城市街区自助图书馆系统”介绍[J]. 中国图书馆学报，2008(4).

6 杜燕翔. 城市图书馆24小时自助开放服务探析[J]. 图书与情报，2008(5).

7 王小林. 从自助图书馆到图书馆的自助服务[J]. 图书馆学研究，2010(23).

8 齐铁臣，艾晶. 浅析自助图书馆建设问题[J]. 大学图书情报学刊，2010(28).

9 陈秀军. 公共图书馆自助服务利弊分析与研究[J]. 图书馆学刊，2010(10).

10 武汉飞天智能工程有限责任公司. 24小时自助图书馆系统：中国，201020215438.9[P]. 2011-04-20.

11 深圳图书馆，深圳市海恒智能技术有限公司. 图书馆自助服务系统：中国，200710124308.7[P]. 2008-10-29.

12 上海阿法迪智能标签系统技术有限公司. 智能馆外图书馆设备：中国，201020217614.2[P]. 2011-02-16.

提升城市图书馆服务效能

——以昆明图书馆贯彻落实《公共图书馆服务规范》为例

郭春莲

Enhance Metropolitan Library Service Efficiency

—Taking the Implementation of Public Library Service Standards in Kunming Public Library for Example

Guo Chunlian

摘要：本论文以昆明图书馆贯彻落实《公共图书馆服务规范》为例，结合理论与实践，总结了提升城市图书馆服务效能的做法和经验，为宣传、贯彻《公共图书馆服务规范》提供了新的形式。

关键词：《公共图书馆服务规范》，图书馆服务效能

Abstract: In this thesis, the implementation of Public Library Service Standards in Kunming Public Library is taken as an example, theory and practice are combined together, the ways that can enhance metropolitan library service efficiency are summed up , the new models of promulgates and implements of Public Library Service Standards are suggested.

Keywords: Public Library Service Standards , library service efficiency

1　提升城市图书馆服务效能的背景及意义

当前，我国文化发展迎来了最好的时期，加快完善覆盖城乡的公共文化服务体系是文化建设的重大战略任务。公共图书馆作为公共文化服务体系的重要组成部分，承担着保存人类文化遗产、提供知识信息、传播先进文化、开展社会教育的重要职能，为中国特色社会主义事业建设提供信息资源支撑和智力支持。

作为我国第一个规范公共文化服务的国家级标准和图书馆标准规范体系中首个服务类标准的《公共图书馆服务规范》，是文化行政部门推进图书馆事业发展的指南，是公共图书馆实现服务立馆、促进科学发展的实践纲领，对于保障公共图书馆事业发展，推进公共文化服务标准化、规范化建设，进一步完善覆盖城乡的公共文化服务体系，具有重要的指导意义。

作为中心城市图书馆和国家地市一级图书馆，昆明图书馆认真贯彻落实《公共图书馆服务规范》，

郭春莲，昆明图书馆馆长，副研究馆员。E-mail:823551086@ qq. com

准确把握其精神内涵，以其作为推动事业发展的重要抓手和依据，与时俱进，开拓创新，从根本上提升了服务效能，使各项工作取得了实效，在昆明地区公共图书馆中起到了主阵地和引领作用。

2　昆明图书馆为提升城市图书馆服务效能作出努力

昆明图书馆着重从基本服务、拓展服务、服务效率等几方面入手，努力提升城市图书馆服务效能。

2.1　基本服务

公共图书馆的基本服务是保障和满足公众基本文化需求的服务，包括为读者免费提供多语种、多种载体的文献借阅服务和一般性咨询服务，组织各类读者活动以及其他公益性服务。

2.1.1　服务时间

昆明图书馆全年365天开放。24小时自助借还设备提供全天候服务。

2.1.2　免费服务

昆明图书馆秉承“平等、开放、免费”的办馆理念，实行设施场地和基本业务项目向读者免费开放，读者零门槛准入。免费开放项目为：

（1）免费提供综合服务环境，为读者提供休闲、交流的良好氛围。

（2）免费办证。

（3）免费借阅各类图书、报刊。

（4）免费提供读者查询图书、报刊、古籍、地方文献等资料。

（5）免费提供盲文图书借阅及盲文数据库查询。

（6）免费提供电话预约、续借等服务。

（7）首推全省第一个24小时自助图书馆，全天候免费提供读者借还服务。

（8）免费常年为各个流通点提供图书。

（9）免费常年为残疾人送书上门。

（10）免费提供读者查询政务信息等业务。

（11）免费提供读者使用馆域互联网，查询数据库。

（12）免费提供清华同方CNKI系列全文数据库（期刊数据库、博士论文数据库、硕士论文数据库、重要报纸数据库、会议论文数据库、工具书数据库）、龙源期刊数据库、龙源连环画数据库、金图外文图书数据库、全国文化信息共享工程资源数据库、昆明地方文化特色专题数据库、昆明图书馆视频资源等。

(13)免费提供报刊触摸屏,浏览实时报刊400余种,以及图书馆对外宣传信息。

(14)免费听取公益讲座(公益品牌"春秋十讲"和上海图书馆视频精品讲座)。

(15)免费开放自习室。

(16)免费开放电子阅览室,其中设立未成人专区,提供互联网信息查询。

(17)免费提供小件寄存柜供读者存放物品。

(18)免费取阅《市政府公报》及图书馆行业杂志《春城图书馆》等相关资料。

(19)免费提供馆内 WIFI 网络信号服务。

(20)服务窗口免费为读者提供饮用水。

2.1.3 流动服务

昆明图书馆通过分馆、图书流动点等形式,将文献外借服务和其他图书馆服务向社区、村镇、企业、部队、学校等延伸,定期开展巡回流动服务。现已建立分馆7个、图书流动点28个。

2.1.4 总分馆服务

昆明图书馆在政府主导、多级投入、集中分层管理、资源共享的原则下,建立普遍均等的公共图书馆服务体系,因地制宜地开展形式多样的总分馆服务,形成统一的机构标识、统一的业务规范,建立便捷地通借通还文献分拣传递物流体系,实现昆明主城区各图书馆之间的馆际互联通借通还,提升昆明地区公共图书馆系统的整体形象和服务能力。先后建立了昆明图书馆金牛社区分馆、育伦分馆暨法制教育基地、工会分馆、斗南花卉分馆(国内第一家以花卉为主题的专题图书馆)、艺术专题分馆、棋类专题分馆、军营博雅分馆,实现一卡通总分馆模式管理服务。

昆明图书馆在坚守阵地服务的同时,将政府主导的公益性项目要求、社区群众的需求、图书馆专业性进行有机地整合,建立社区阅览室使自己的服务更加贴近实际、贴近生活、贴近群众,从而把公益性、导向性很强的知识传播服务更好地落实到基层,进一步加强了对全民读书活动的引导,推进城市学习型社会的创建。

通过各项工作评估，每年对管理、服务较好的街道社区提供专项经费，建立流动性公益社区阅览室，根据居民的作息时间，开放服务。先后打造了巴士家园报刊阅览室、莲华办事处教东社区报刊阅览室、科澳社区报刊阅览室、雨花社区报刊阅览室、龙泉云大社区报刊阅览室。

2.2 拓展服务

2.2.1 远程服务

昆明图书馆利用互联网、本馆网站等信息技术手段和载体，开展不受时空限制的网上书目检索、参考咨询、文献提供等远程网络信息服务。2011 年作为全省公共电子阅览室示范区，建立了 13 个县（区）、乡镇（街道）、社区公共电子阅览室示范点，实现统筹管理，联动服务，资源共享。

2.2.2 个性化服务

昆明图书馆为个人、企事业机构及政府部门提供多样化的、灵活的、有针对性的服务。

率先在全省推出 24 小时自助借还服务和触摸屏电子读报系统。开通中华连环画数字阅览室、龙源电子期刊、九星电子报刊触摸屏。编辑《信息参考》《文化快讯》等二、三次文献，为党政机关及相关部门提供服务。同时，对全市古籍文献进行调研普查，通过公共展览及编辑出版等方式，对全市重要古籍及地方文献予以宣传利用。

公益讲座"春秋十讲"开办 12 年以来，邀请各领域专家、学者开讲，已成为省内知名讲座品牌，受到广大市民、读者的青睐。2011 年又推出高端公益讲坛——"春城讲坛"，不定期邀请国内知名学者、专家到昆开讲，再创公益讲座品牌。通过"走出去""请进来"的模式，请上海图书馆派出专家、学者到昆明巡讲，昆明图书馆也向上海图书馆输送专家进行文化交流。

建立昆明图书馆 · 艺术馆，年均举办各种展览 12 次、笔会 3 次，参展人数达 25 000 余人次，集艺术交流、文化休闲为一体，是城市文化艺术工作者个性化创作展示的阵地，

建立昆明图书馆 · 斗南花卉分馆，探索与驰名企业合作，打造全国首个花卉专题图书馆，为花商花农服务的同时，展示各种本土花卉，提供国内外花卉培育专题数据，成为城市生活的亮点服务。

建立昆明图书馆 · 农业分馆，与著名企业联手打造传统农耕文化图书资料馆，兼容园区内的农耕文化博物馆空间共同展示本土农业的发展变

化，成为市青少年及学校教育实践的文化基地，引起社会各界关注。

几年来，积极主办"书香昆明暨全民阅读月""世界读书日""公共图书馆服务宣传周"等活动，营造全民阅读氛围，掀起全民阅读高潮。由我馆承办的"2011书香昆明暨第三届全民阅读月"系列活动，推出了"十佳书香社区"评选、"十大书香之家"评选、"百句优秀读书感言"征集、千场主题讲座、名家讲坛、十万册图书漂流等分项活动，获文化部全民阅读活动先进单位荣誉。

始终关爱特殊人群，保障其阅读权益。开辟残疾人通道，参与开展"全国助残日"活动，举办"帮扶残疾人，共享社会公共阳光"系列活动，坚持每月为残疾读者送书上门；开辟视障残疾人服务专区，安装盲文检索软件，订购盲文书刊；主动为农村边远地区群众送书、捐书；组织未成年人到馆参观，体验图书馆各项服务，参与阅读活动，鼓励和倡导未成年人"多读书、爱读书、读好书"。

2.2.3　重点文化惠民工程建设

作为昆明市实施"全国文化信息资源共享工程""数字图书馆推广工程""农家书屋工程"和"公共电子阅览室建设计划"四大重点文化惠民工程的中心及枢纽，昆明图书馆加强领导，精心组织，统筹协调，积极推进工程的建设发展，并在提升工程整体效能的同时，积极探索，赋予工程新的内涵。全市共建成"全国文化信息资源共享工程"市级支中心1个、县级支中心14个、街道（乡镇）基层服务站点95个、社区（村委会）基层服务点1587个实现了"农家书屋"全覆盖，市、县（区）及乡镇（街道）公共电子阅览室全覆盖。同时，数字图书馆建设在数字资源、技术与标准规范方面成果显著。可以说，经过多年的努力，昆明市已初步构建起覆盖城乡的公共数字文化服务网络，实现了优秀文化信息资源的全民共享。

2.3　服务效率

2.3.1　文献加工处理时间

昆明图书馆根据不同类型（如印刷型、电子、缩微等）、不同来源（如购买、受赠、交换等）的文献资源特点和服务要求，优化文献加工处理流程，缩短文献加工处理周期，提高文献加工处理效率。

文献加工处理时间以文献到馆至文献上架（或上线）服务的时间间隔计。其中，报纸到馆当天上架服务，期刊到馆2个工作日内上架服务，图书到馆15个工作日内上架服务。

2.3.2 闭架文献获取时间

闭架文献获取时间以读者递交调阅单到读者获取文献之间的间隔时间计。

昆明图书馆闭架文献提供不超过30分钟，外围书库文献提供不超过2个工作日。古籍等特种文献，另按相关规定执行。

2.3.3 开架图书排架正确率

昆明图书馆开架图书按《中国图书馆分类法》分类号顺序排列整齐。开架图书排架正确率不低于95%。

2.3.4 馆藏外借量

馆藏外借量以外借文献册数计。

昆明图书馆合理调整外借文献范围、外借文献册数、借期等流通规则，保持馆藏外借量逐年增长。

2.3.5 人均借阅量

昆明图书馆分别根据有效持证读者和服务人口的总数，计算已外借文献量（册）占有效持证读者总数和服务人口总数的比例，以反映流通馆藏对有效持证读者的服务使用情况。

适时调整外借册数、借期等流通规则，并在流通规则合理范围内，保持人均借阅量逐年增长。

2.3.6 电子文献使用量

电子文献使用量由数据库检索量、全文下载量组成。

昆明图书馆结合本馆馆藏服务，利用数字图书馆服务平台，经常举办电子文献使用辅导讲座，提升读者使用电子文献的信息素养，保持电子文献使用量逐年增长。

2.3.7 文献提供响应时间

文献提供响应时间以收到读者文献请求至回复读者之间的时间计。响应时间不超过2个工作日，并告知读者文献获取的具体时间。其中，对服务在外的24小时自助图书服务，也定期进行更新补充服务，确保自助服务读者需求。

2.3.8 参考咨询响应时间

昆明图书馆为读者提供多样化的文献咨询服务方式，有效缩短文献咨询的响应时间。多样化的文献咨询服务方式包括现场、电话、信件、传真、电子邮件、短信、网上实时咨询等。

响应时间以收到读者咨询提问至回复读者之间的时间计。现场、电话、网上实时咨询在服务时间内当即回复读者,其他方式咨询服务的响应时间不超过2个工作日。

参考文献

王世伟.《公共图书馆服务规范》的编制及其特点论略[J].国家图书馆学刊,2012(2).

公共图书馆文化空间拓展背景下的图书馆员
——来自公众对图书馆员刻板印象研究的启示

徐建华　俞碧飏

Librarians in the Era of the Third Cultural Space's Promotion
—Implications from the Study of Librarians' Stereotype

Xu Jianhua　Yu Biyang

摘要：通过对“第三文化空间”内涵的分析，我们发现公共图书馆“第三文化空间”的发展战略本质上是培养“图书馆是最佳休闲文化场所”的刻板印象，而第三文化空间核心在于活动、建筑布局和机制设计，使之成为自由平等地交流、传播和学习文化的最佳空间，这就要求图书馆员不仅需要成为信息专家，还要深刻理解“第三文化空间”的内涵，培养活动策划、创新思维等多项能力。

关键词：公共图书馆，第三文化空间，图书馆员，刻板印象

Abstract: According to the analysis of content of "the third cultural space", we found that this strategy is to cultivate the stereotype of "library is the best place to freely and equally communicate, spread, and learn culture", which needs activity, architecture and mechanism design and requires librarians to have expertise on information, "the third cultural space", activity design, creation and so on.

Keywords: public library, the third cultural space, librarian, stereotype

1　引言

随着社会经济的快速发展和人们文化需求的日渐凸显，图书馆的服务理念和方式也发生了较大变化。不管是图书馆的实践者还是理论研究者，纷纷提出，图书馆要基于当前社会民众的休闲和文化需求，寻找自己的社会服务定位和休闲服务增长点，开发多元的社会服务和文化功能。而能在一定程度上准确表达图书馆这种满足休闲服务需求和功能转型的“第三空间”“第三文化空间”也已成为近两年来图书馆界的热点话题，吸引众多学者和实践者共同探讨。2009 年意大利都灵举行的国际图联卫星会“作为场所和空间的图书馆”中，“作为第三空间的图书馆”成为会上最受热议的分主题，并逐渐成为与会者的共识[1]；2012 年中国图书馆学会年会上，“公共图书馆：公众的第三文化空间”作为第 3 分会场，吸引了众多参会代表参与和互动，并因此被评为年会优秀分会场组织奖[2]。

“第三空间”是指居住空间（第一空间）、职场空

徐建华，南开大学商学院信息管理系，教授。E-mail：jhxu99@263.net

俞碧飏，南开大学商学院信息管理系，硕士研究生。E-mail：yby3541@126.com

间(第二空间)以外的,不受功利关系限制的公共空间。它是自由、宽松、便利的,没有家庭角色的束缚,没有职场的等级压力,人们可以自由地释放自我。图书馆作为非功利性的社会机构,具有“第三空间”自由、平等的特点和积聚资源、提供服务的功能,是“第三空间”的重要载体。这一提法在图书馆界日渐成为了共识。为了突出公共图书馆的“文化”属性,与其他社会机构区分开来,杭州图书馆褚树青馆长在奥登伯格的“第三空间”理论基础上,细分出了“第三文化空间”的概念。图书馆作为“第三空间”抑或“第三文化空间”,都需要提供能平等、自由、开放地交流、共享和传播文化的空间和平台[3]。

不论是图书馆实践界还是理论界,都为实现“第三文化空间”的图书馆做了诸多有益探索:杭州图书馆实现了“平民图书馆,市民大书房”和一卡通工程[4],舟山图书馆的新区海洋文化中心汇聚了图书馆、展览馆、文化馆(美术馆)和博物馆[5],上海图书馆推出了数字服务和多元特色服务[6]等。理论上,很多学者对图书馆“第三文化空间”的经营模式[7]、理念与实践[8-9]、功能/价值[10-12]等做了初步探讨,部分学者还从“第三空间”的实践典范——星巴克咖啡的经营模式中寻找图书馆可借鉴之处[13]。

可以看出,目前对图书馆文化空间拓展的讨论仍停留在概念探讨和经验借鉴的初级阶段,对如何全方位打造图书馆的文化空间还缺乏专门、细节和深入地研究,尤其缺乏来自实证调研的证据。而在拓展文化空间的各方面努力中,最受学界和实践界忽视的便是图书馆员,鲜有研究去讨论在拓展图书馆文化空间的大背景下,图书馆员该如何提升自己的专业素质,去应对来自于多元服务的挑战。不过,在提出具体的应对措施之前,我们需要首先厘清“第三文化空间”对图书馆员有何要求,以及目前我们的图书馆员离要求的理想状态尚有多远。回答前一个问题,我们将参照目前对“第三文化空间”内涵的讨论;后一个问题则结合公众对图书馆员刻板印象的部分研究成果,予以讨论。

2 公共图书馆“第三文化空间”的内涵与图书馆员

2.1 公共图书馆“第三文化空间”的内涵

公共图书馆作为“第三文化空间”,它可被描述成为可供人们放松、学习、交流、思考的地方,是一个可以为平凡生活增添意义的地方,是一个城市最容易集聚资源和人气的场所[14]。龚娅君认为，公共图书馆要实现"第三文化空间"，即是实现文化的自由平等交流、传播和学习[15]。

高小军则提出了更为具体的理由和内涵[16]，他认为，公共图书馆成为"第三空间"，是基于以下三个理由：第一，公共图书馆建筑是一个地区最具象征性的文化地标，包含深厚的公共文化艺术韵味，从而对公众具有极高的审美价值和艺术凝聚力；第二，公共图书馆地处交通枢纽或社区中心，网点分布广泛（很多国家都在15分钟车程之内），对公众来说访问十分便捷；第三，免费向所有人开放的服务理念和丰富的活动机会。而公共图书馆向"第三文化空间"发展，需要在以下几个方面做出努力：

2.1.1 地区或社区中心

在现代公民社会中，公共图书馆不仅是一个信息中心或研究中心，更是一个聚集公众、提供讨论及交流的地区或社区中心。也就是说，公共图书馆应强化其承担地区或社区文化、服务、教育、公共交流等功能，致力于成为地区或社区公共论坛、文化艺术中心与公民发展中心。这通常是用文化展览、社区辩论/讨论、音乐会、信息培训等丰富多彩的活动来实现的。

2.1.2 空间再造

高小军指出，空间再造需要图书馆去打造以人为本的空间，整合内外两个空间。具体来说，打造以人为本的空间要从原来的以文献的分类或载体，如社会科学、自然科学、数字资源所形成的服务空间或服务区的模式转化为满足不同用户或群体的多元化需求来聚集服务资源的模式，形成能够整合信息资源、休闲、创意、活动、社交等多元化功能与服务的新型公共图书馆服务空间模式；而整合内外两个空间则是指，通过空间再造等方式使图书馆外的人行横道、广场、台阶、公园、绿地与其内部空间一样能够聚集人气与资源，使图书馆的物理空间成为一个更大的公共空间的组成部分。

2.1.3 公众参与

公众参与一方面是指公众参与到图书馆的建设和图书馆活动的设计和开展当中，另一方面是指提供知识、思想、智慧、创意、灵感等可以聚合的共享知识平台，便于公众参与知识的互动与创造。

2.2 公共图书馆"第三文化空间"对图书馆员的要求

事实上，要实现"第三文化空间"，所有的实践工作都需要图书馆员去完成。从以上的分析可以看出，"第三文化空间"并没有模式化的套路或实践方式，它仅仅提供了大致的努力方向，从而给予了图书馆员充分的发挥空间。总体而言，“第三文化空间”的关键在于活动、建筑布局和机制设计，这就使得在文化空间拓展的背景之下，图书馆员不仅要成为信息专家（即“信息资源组织管理者、信息提供者与传播者、信息利用的导航者、信息利用的教育者”[17]），还要具备活动策划、布局策划、平台搭建和维护等多项知识和能力，具有相当程度的创新意识，并且在这一基础上，要深刻理解图书馆精神和“第三文化空间”中对平等、自由、包容、共享等理念的阐释。

3 公众对图书馆员的刻板印象

3.1 图书馆员刻板印象与公共图书馆文化空间战略之间的关系

从根本上来说，公共图书馆“第三文化空间”的战略目标是希望图书馆成为公众心目中除家庭和职场外最想去的文化场所，换言之，这一战略目标的核心是提升公众对图书馆作为“第三文化空间”的认可程度，即在公众心目中植入这样的主观印象。相应的，图书馆员在人们的心目中也应当具备信息专家、活动家、有较强的创新精神、开放包容等刻板印象。

这就是说，公共图书馆文化空间战略即是新型图书馆刻板印象的塑造过程，图书馆员刻板印象与图书馆刻板印象具有共生关系，它可以作为公共图书馆文化空间战略的检验手段，用来检测图书馆是否真正成为除家庭和职场外最想去的文化场所；它同样也是图书馆刻板印象建立起来的前提，因为只有图书馆员真正具备活动家等素质之后，才有可能设计出符合这一战略思路的图书馆战略规划和相关的活动或机制，进而在人们心目中塑造新的图书馆刻板印象。

目前，我们尚处于战略的提出和规划阶段。因此，要建立新的图书馆员刻板印象，需要首先了解目前公众对图书馆员的刻板印象是什么、为什么？再以此为基础，明确现有印象距离目标印象（信息专家、活动专家等）的差距，找出当下存在的问题和针对性的解决方案，进而才能有的放矢地采取措施，向目标战略迈进。

3.2 公众对图书馆员的刻板印象

根据公众对图书馆员刻板印象的研究结果，我们发现：图书保管员形

① 对该研究的详尽介绍和讨论请参见发表在《图书馆理论与实践》2012年12期和2013年1期的两组文章。

象是图书馆员最深入人心的刻板印象，其次为信息服务者和情报专家形象①；图书馆员在事物管理方面的能力（熟悉馆内布局、熟悉业务流程、熟悉图书归类、能做好本职工作、有条理、记忆力好）十分突出，信息素养能力（如熟悉计算机操作、专业知识扎实、检索能力强、知识面宽）其次，人际沟通能力（有协调能力、具有人际沟通技巧）和创新能力（接受新事物能力不算糟糕）略逊；图书馆员让人感到亲近、不疏离，公众非常愿意与图书馆员交往[18]。

也就是说，图书馆员在公众心目中为图书保管员的形象：他熟悉图书的位置、分类、处理流程，能够细致、准确、一丝不苟地完成所有的图书整理工作，这种稳重和细致有时会让她少了一点灵活应变的能力，显得略有固执和守旧，接受新鲜事物的意识不强[19]。

比照文化空间战略对图书馆员的要求来看，我们不难发现，目前公众对图书馆员的刻板印象与目标刻板印象相距甚远，尽管我们期望着公众看到并认可图书馆的巨大转型（事实上图书馆已经基本完成了从借还书处向信息服务中心的转变，并开始向第三文化空间转变），但在公众眼中，对图书馆员的刻板印象依然停留在转型前负责“借借还还”的图书保管员，并且他们完全不具备“第三文化空间”对图书馆员的素质要求，相反，他们保守、人际沟通能力和创新能力略逊，并不能承担起策划和组织多元社区活动，甚至提供多元信息服务的能力。

尽管要打造文化空间时代的图书馆员，我们还有非常远的路要走，但图书馆员让人感到亲近、愿意与之交朋友的特点也为我们未来开展活动奠定了一定基础。

3.3 影响公众对图书馆员刻板印象的因素

通过公众对图书馆员刻板印象回归分析模型，我们不难找到影响公众对图书馆员刻板印象的因素，具体而言，对于公众来说，认为图书馆工作复

---

① 图书保管员印象的相关热情特征包括：认真的、负责的、细心的、稳重的、严谨的、古板的、固执的、守旧的、严肃的、甘于寂寞的；能力特征包括：做好本职工作、熟悉馆内布局、熟悉业务流程、熟悉图书归类、有条理的、记忆力好、做事有效率、接受新事物能力一般；情报专家印象的相关特征：熟悉计算机操作、检索能力强、专业知识扎实、归纳能力好、知识面宽；信息服务者的相关热情特征：不凶悍的、友好的、温和的、有礼貌的、和蔼的、乐于助人的、不冷漠的、有耐心的、有服务意识；能力特征：具备人际沟通技巧和协调能力。

杂且不舒适、对图书馆服务更满意、与图书馆员有私人交往、所在地区为东部地区、去图书馆的频率每周至少一次的、低学历不是在读学生的人对图书馆员的印象更好[20]。

进一步整理上述研究结论我们可以做如下推论:第一,图书馆员的刻板印象主要来源于对其工作的刻板印象;第二,做好服务是提升图书馆员形象最根本的途径,因此,对服务满意者印象更好、服务水平相对更好的东部公众对图书馆员印象更好;第三,目前的图书馆服务并没有达到社会精英群体所期待的水平,以至于对图书馆员印象相对更好的是低学历者。

从图书馆员刻板印象的影响因素中我们可以看出,提升公众对图书馆员刻板印象的路径,与公共图书馆文化拓展战略不谋而合,因为符合"第三文化空间"战略的发展路径必然需要提升图书馆工作的复杂程度、提升图书馆的服务水平、逐渐符合社会精英群体对图书馆服务的期待。不过,当下刻板印象与目标刻板印象的南辕北辙也说明,要真正让公共图书馆成为公众的"第三文化空间",我们还有非常长的路要走。

4 结果讨论与建议

4.1 公共图书馆"第三文化空间"的发展战略本质上是刻板印象的培养

通过对公共图书馆"第三文化空间"的目标分析,不难发现,只有当大部分公众认为公共图书馆的确是除家庭和职场外的最佳休闲文化场所时,我们才能认为"第三文化空间"的目标真正实现了。换言之,公共图书馆"第三文化空间"的发展战略本质上是培养"图书馆是最佳休闲文化场所"的刻板印象。

4.2 "第三文化空间"给图书馆员提出了更高的要求

作为实现"第三文化空间"战略的主体,图书馆员的素质培养不容忽视。通过对"第三文化空间"的内涵分析,我们发现打造"第三文化空间"的核心在于活动、建筑布局和机制设计,使之成为自由平等地交流、传播和学习文化的最佳空间。

在公共图书馆文化空间拓展的背景下,图书馆员不仅要做好传统的借还书服务,成为"信息资源组织管理者、信息提供者与传播者、信息利用的导航者、信息利用的教育者”,还要具备活动策划、布局策划、平台搭建和维护等多项知识和能力,具有相当程度的创新意识,并且在这一基础上,要深刻理解图书馆精神和“第三文化空间”中对平等、自由、包容、共享等理念的阐释。也就是说,“第三文化空间”给图书馆员提出了更高的要求。

4.3 打造“第三文化空间”,我们还有很长的路要走

尽管“第三文化空间”给图书馆员提出了更高的要求,但从目前图书馆员在公众心目中的形象(图书保管员)来看,我们还完全不符合“第三文化空间”战略对图书馆员的要求,因此,打造“第三文化空间”,我们还有很长的路要走。具体来说,就是进一步做好图书馆服务(既包括传统的借还书服务、信息服务,也包括“第三文化空间”战略要求的空间服务等),提升图书馆员打造“第三文化空间”的素质和能力,以及图书馆工作的复杂程度。

参考文献

1 吴建中. 作为第三空间的图书馆[EB/OL]. [2013 - 06 - 18]. http://blog. sina. com. cn/s/blog_4b04e3970100eyrn. html.

2 中国图书馆学会. 2012年会第3分会场:公共图书馆——公众的第三文化空间[EB/OL]. [2013 - 06 - 18]. http://www. lsc. org. cn/CN/News/2012 - 11/EnableSite_ReadNews1131362071353945600. html.

3,4,8,15 龚娅君. 公共图书馆社会“第三文化空间”:内涵、实践与发展[J]. 图书与情报,2013(2).

5 张继敏. 基于社会转型视角下的图书馆“第三空间”———兼论舟山公共馆发展举措[J]. 浙江海洋学院学报(人文科学版),2012(6).

6 茅中元. 吴建中:为市民打造城市第三空间[EB/OL]. [2013 - 06 - 18]. http://www. library. sh. cn/news/list. asp? id = 5713.

7 刘兰. 图书馆“第三空间”营造途径研究[J]. 图书与情报,2012(5).

9,16 高小军. 公共图书馆作为“第三空间”的理念与实践[J]. 图书馆,2013(1).

10 赵华飞. 公共图书馆的“第三空间”功能探析[J]. 河南图书馆学刊,2012(6).

11 刘丛. 作为第三空间的公共图书馆社会价值分析[J]. 图书馆理论与实践,2012(5).

12,14 吴一舟. 公共图书馆的发展定位与使命探讨[J]. 图书馆工作与研究,2012(8).

13 李浩. 免费开放后的公共图书馆要逐步走向天堂——借鉴星巴克理念打造“第三空间”的思考[J]. 图书馆建设,2011(10).

17 张怀涛,黄健. 网络环境下图书馆员的角色转变[J]. 图书与情报,1999(3).

18,19 俞碧飏,徐建华,卢正明. 当今图书馆员刻板印象分析[J]. 图书馆理论与实践,2012(12).

20 孙忠进,王玫,冯凯悦. 公众对图书馆员刻板印象回归分析模型的构建[J]. 图书馆理论与实践,2012(12).

向着全方位、多元化的公共文化服务方向
——温州市图书馆改革和创新实践

谢智勇

Oriented to a Comprehensive and Diversified Public Cultural Services
—The Practice of Wenzhou Library's Reform and Innovation

Xie Zhiyong

摘要：本文介绍了温州市图书馆为了满足群众的文化需求，围绕建设公共文化服务体系的根本任务，从人性化服务举措、多元化文化活动、全方位服务对象、服务地方经济文化等多个方面对公共图书馆服务方式、方法的改革和创新实践。

关键词：公共文化服务，多元化，温州市图书馆

Abstract: In order to meet public's cultural needs, building public cultural services system is the ultimate task of Wenzhou Library. This article introduces reforms and innovative practice on the service manner and method of public libraries, such as humanized service, diversified cultural activities, full-service for the public, contributions to local economy and culture, etc.

Keywords: public cultural services, diversification, Wenzhou Library

在公共文化服务体系中，公共图书馆是公共文化产品与服务的主要生产者和公民文化权利的重要保障者，是政府实现面向广大群众的文化关怀、文化享有、文化提高、文化创造的重要方式。近几年来，温州市图书馆凭借一流的环境硬件设施、专业的人才队伍、先进的自动化技术，科学的服务理念，积极响应温州市委、市政府提出的文化大市建设战略决策，配合推进温州市六城联创的战略步伐和国家历史文化名城的创建工作，紧紧围绕建设公共文化服务体系这个根本任务，大胆改革，不断探索，在公共图书馆服务方式、方法上进行了大量实践，以人性化服务举措、多元化文化活动、全方位服务对象、服务地方经济文化等特色和亮点受业界广泛关注，为公共文化服务注入新活力。

1　人性化服务举措

温州市图书馆是较早提倡和践行免费开放的公共图书馆之一，也是实行人性化服务的领先者，其推行的一系列服务举措在全省属首创。

谢智勇，温州市图书馆馆长，研究馆员。E-mail：wtxiezy@163.com

1.1　首创逾期停借人性便捷服务，增进市民阅读空间和自由

2010年，温州市图书馆创新推出独有的图书逾期停借政策，即针对借阅图书逾期者，除交纳滞纳金外，也可以选择让读者证停借一段时间，停借时间与逾期天数相对应。此举是有效促进图书流通，培养读者阅读习惯的人性便捷服务举措，有效解决了读者与图书馆对于逾期费的纠纷，有力地促进图书馆与读者的沟通，此举在省内甚至国内堪称首创。

1.2　首创图书馆手机阅读导报彩信服务，传播区域文化传递读书信息

温州市图书馆首创"温图手机阅读导报"彩信发送业务，既传递图书馆信息又传播温州地域文化，下设温州历史人物、图书馆实用信息、各类讲座或社团活动信息、新书推荐、数字资源等栏目，每周一期，向市民免费发送，极大地方便和引导读者利用图书馆，让市民对温州区域历史文化有进一步了解，从而开启了图书馆手机阅读时代。此外，温州市图书馆开发搭建网上办证功能，方便读者在家免费使用数字资源。

1.3　率先将所有场馆面向社会免费开放

2010年以来，温州市图书馆开始取消年审费、注册费，开始免费办证，同时将图书馆各类公共文化设施设备向所有人免费开放，如一楼多功能厅、六楼投影室长期为老年市民开展文化体育活动，四楼读者活动区等为市民提供举办各类文化活动之用。

2　多元化文化活动

2.1　多方联合打造公共文化服务品牌

温州市图书馆始终坚持公益方向，积极拓宽渠道，善于借助报纸、电视、网站等社会各界媒体的力量，每年开展讲座、报告、竞赛、展览等公益性读者活动数量近200场，并形成"温州学人讲坛""籀园百姓讲坛""籀园名家讲坛""大榕树市民学堂""民营企业思想道德大讲坛""文明大学堂""非遗进校园""女性课堂""周末视频"等系列讲座品牌。同时把系列讲座品牌纷纷走出馆门，走入各县市区基层图书馆、各机关企事业单位、学校、社区等，得到了市民极大地赞扬与肯定，成为公共文化服务体系建设的重要平台。

2.2　主题品牌文化活动推进全民阅读

举办大型文化活动不容易，常年坚持连续举办一个大型文化活动更

难，温州市图书馆自2005年以来，经过长期地实践探索，形成了几个具有广泛群众基础和较大社会影响力的文化活动品牌，坚持每年定期举办。主要包括元宵灯谜活动、新温州人演讲大赛、全市英语之星大奖赛、中外经典诗文朗诵会以及各类知识、征文竞赛。通过各项主题活动提高群众文化水平，推进公共文化服务。

2.3　社团活动引领市民读书时尚立体化

2010年开始，温州市图书馆大胆改革，积极创新，创造性地成立读书话剧社、音乐沙龙、温图服饰文化沙龙等社团项目，并以此为平台开展各类活动，提高读者素养、充实文化生活，引起媒体广泛关注、读者热烈参与，在业界颇具影响，引起了媒体广泛关注，先后在《中国文化报》《温州商报》《温州晚报》《品周刊》等多家媒体报道。

2010年年初，温州市图书馆借温州大剧院建设开放引发全市话剧潮的契机，大胆面向普通市民草根阶层推出读书话剧社，创造性地把话剧作为一种形象生动的阅读方式来更好地展示文学作品，创造了全新的文学结合话剧的阅读新时尚。两年来读书话剧社发展会员近200名，发展态势良好，群众参与度广，社会影响好，并经常组织优秀节目参演各类公益演出。从图书馆的多功能厅走向商场、广场，走进山区、走到电视台百晓茶馆，最终这个草根话剧社走进了温州大剧院，在2011年的国庆期间登上温州大剧院的舞台为温州市民进行公演。经过两年的运行，社团无论在演出上还是社团管理机制上都逐渐走向成熟，同时也彰显着这样一种社团形式的成功，其成功就在于话剧社交给了读者一个自己的舞台，完全贴近读者内心需求，因此赢得了读者积极地参与，取得图书馆与读者一种和谐的互为存在。

在读书话剧社成功运行的基础上，近两年来温州市图书馆又相继推出其他系列社团活动，包括为促进市民深层阅读的“籀园品书会”、为音乐爱好者搭建的“北纬28°音乐沙龙”、为服饰专业人士推出的“温图服饰文化沙龙”，以及英语俱乐部等，都引起了社会广泛地关注和市民的积极参与。社团活动的推出进一步丰富了图书馆的活动类型和服务功能，扩大了图书馆的社会影响，增强了图书馆的时代感，引领图书馆进入一个读书时尚化、立体化的时代。

3　全方位服务对象

温州市图书馆作为公共图书馆，面向社会普遍均等开放，以广大市民为主要服务对象，更加注重为老年人、未成年人、残疾人等弱势群体服务，以保障最广大市民普遍均等地享受图书馆的公共文化服务权益。

3.1　引进银行理财机制，“儿童知识银行”服务未成年群体

未成年阅读培养和引导工作是公共图书馆的历史使命和社会职责，各公共图书馆都做了大量地尝试和探索。温州市图书馆以“儿童知识银行”未成年阅读引导项目得到文化部、省委宣传部相关领导、图书馆界专家的高度认可和推荐。该项目获浙江省公共服务项目创新奖。“儿童知识银行”是一个面向少儿，引入银行理财机制来管理自己的知识财富的一种阅读推广方法，而不是具体的一项阅读活动。主旨是倡导知识创造财富，平时小朋友们可以通过参加图书馆举办的“文明小学堂”“爱阅读”“说书PK”“文明小使者”等各类少儿阅读活动来获取知识币，并存入知识银行，知识币可存可取，还有利息。荣登“知识大富翁”排行榜的小朋友们，将获得正式表彰。“儿童知识银行”活动，吸引了更多的小朋友以更大的热情参加到图书馆举办的各类少儿活动中来，也让图书馆的阅读引导工作和社会教育功能得以充分地发挥。

3.2　首创“社会老年大学”服务老龄化人群

为了使老年人老有所学、老有所乐、老有所为，温州市图书馆创造性地于2010年4月创建国内首家老年专业分馆，为老年读者提供阅读、休闲、娱乐于一体的活动场所。老年分馆自开放以来，每月接待读者人次和借阅图书册次均逾10 000，特别是很多针对老年读者的文化活动和培训相当受老年读者的欢迎，老年读者不断增多，社会效益显著。以老年分馆为平台，温州市图书馆近两年来不断开展适合老年人身心发展的系列公益文化活动，每年定期开展元宵猜灯谜、籀园百姓讲坛(老年专题系列讲座)，开设中老年培训，设有计算机系、书画系、艺术系、体育系、保健等专业，包括电脑、书法、花鸟、山水、声乐、中医药、摄影、太极拳、太极扇、健身舞、柔力球等30余个班级，被称为“社会老年大学”。老年分馆每周定期为《温州都市报》晚霞俱乐部(歌咏组、舞蹈组)，重阳之家和周边社区免费提供活动场所，同时推出“籀园温州话读报”暨“籀园讲新闻”“籀园谈艺”等公益性文化活

动,丰富市区老年朋友的文化娱乐生活。

3.3 以"一对一服务"为基点,服务弱势群体

温州市图书馆自2003年开始推行残疾人一对一文化服务,针对不方便到图书馆而又有求知需求的残障人士,由图书馆指派馆员与他们形成一对一的服务关系,根据个别残疾人士的阅读需求,长期开展阅读咨询、阅读指导、送书上门等服务,并且以此为基点,面向所有残疾人群开展各类阅读服务和文化活动,如面向新温州人、外来务工人员每年举办新温州人子女暑期快乐营、新温州人子女自信心培训活动、新温州人演讲大赛,并且每年推出关注"弱势群体"文化需求系列活动,送精品讲座光盘、励志电影、展览和图书等文化资源到福利院、特殊教育学校、看守所,将科普活动延伸到社会的各个角落。

4 服务地方经济文化

温州市图书馆除公共图书馆的大众服务战略路线以外,其面向政府服务地方经济文化的服务也在省内业界颇具特色。

4.1 参考咨询服务,主打服务地方政府

温州市图书馆信息参考服务特色和亮点在于与政府的全力合作,为政府信息决策提供支持和帮助。在为政府部门提供持续的专题服务合作,委派参考咨询员进入市委信息办,参与信息参考工作,零距离了解和收集政府信息需求,同时也宣传温州市图书馆信息参考服务。温州市图书馆为温州市委信息处、温州市决策咨询委员会、温州市政策研究室提供专题信息服务,每月编印一期《新参考》,分发给温州市政府200多个部门和单位。每周为温州市政策研究室提供一期《政策动态》专题,每周制作三期《涉温报道》和《专家视角》提供给温州市委信息处,此外,还为浙江省政策研究室提供专题参考资料。温州市图书馆信息参考部也是温州市决策咨询委员会下的温州民间智库的成员之一,定期参与决策咨询委员会举办的民间智库问计会。仅2011年,信息参考区以纸质电子版的形式共编印专题150多万字,被政府简讯《温州信息》录用信息居全市之首。

4.2 文献整理开发,传播区域文化

至2007年,温州市图书馆成功编辑出版《温州地方文献联合编目》《温州文献丛书》(48部)后,近几年又继续开发与挖掘馆藏文献,陆续出版《温

州文献丛刊》系列(现已出版9种)。系统整理规划《温州市图书馆馆藏日记丛刊》《温州历史文献集刊》《温州方言文献丛刊》三种大型文献整理项目,并建设"温州历史名人数据库"。

2011年年初,温州市委、市政府决定编纂《温州通史》,而温州市图书馆更被委以重任,作为通史项目的牵头单位,负责通史编纂的具体实施工作。《温州通史》全书计划编八卷,共计350万字,整个编纂工程计划用6年左右时间完成。温州市图书馆举全馆之力,为温州通史编纂提供扎实的文献保障、优秀的技术支持和热情的联络服务,为温州通史编纂工程顺利完成保驾护航。2011年先后召开数次《温州通史》编纂研讨会、完成《温州通史》相关专题目录整理、发行《温州通史编纂通讯》、开展史料征集活动、建立《温州通史》专门网站及数据库、组织"历史文化之旅"考察。2012年暑期开展民间历史文献征集和口述史料采集工作。民间历史文献征集范围188个村(社区),共搜集族谱1679部、契约文书536页、宗教科仪书220册;口述史料采集范围选取6个镇93个村,专访192人次,采集录音211段。为《温州通史》成功编纂,奠定了良好的基础。

4.3　特色服务,服务地方经济

温州市图书馆结合地方的经济优势,吸纳社会力量参与办馆,于2001年、2004年先后创建了鞋与服装专业的特色图书馆"中国鞋都图书馆"与"温州服装图书馆"。特色图书馆通过服务地方支柱产业来促进地方经济发展,成为连接企业和文化的桥梁、国内外信息汇集的窗口,是国内目前规模最大的特色馆之一。主要面向温州鞋服业界人士全方位提供信息咨询、资料检索、图书借阅、鞋业设计、专业培训、多媒体制作等一系列服务。目前拥有近百种国内外顶级专业书籍、期刊,以及成千册意大利、法国、日本、韩国等国家的服装款式、面料、设计手稿等精美时尚书刊。2011年,温州市图书馆在特色图书馆方面又开新思路,推出了鞋服专业资讯网站——温州鞋服资讯网,共同为温州鞋服业界人士提供全球权威趋势预测、专业商业服装企划、当季流行款式、全球各大时装发布会、热门潮流图案参考、时装杂志、原创款式书,以及温州本地服装与鞋的行业新闻、人才招聘信息交流、国内外各种最新展会发布会信息、各类专业培训活动等,为温州鞋、服装企业提供了最丰富的资源。

5 构建三位一体服务网络

在嘉兴、杭州等同省城市总分馆模式的成功运行背景下,温州市图书馆在总分馆建设方面属于后发地区,这几年我们也做了一些工作。自2008年开始至2011年,温州市图书馆已经初步形成了面向社会各层次,触及各行业,以温州市图书馆为总馆,以各县(区)图书馆为一级分馆,以乡镇图书馆、校园分馆、企业分馆、社区分馆、机关分馆、军营分馆、ATM机等多种类型分馆相辅相成共同发展的建设模式,同时与温州各县(区)图书馆同步更换业务系统,实现通借通还、资源共享,构建为所有温州市民提供普遍、均等、免费、无障碍的公共图书馆服务网络。2012年开始,在原有公共图书馆服务网络建设基础上,进一步构建流动图书车、街区微型图书馆、社区实体分馆三位一体的新型市区公共图书馆服务网络:购置6辆汽车图书馆,设立流动图书库在市属三个区各地选址全面铺开,定期配送图书、活动,上门服务,将图书馆送到市民身边;同时购置16台24小时街区微型图书馆,为社区市民提供24小时不闭馆借阅服务。在2013年,三位一体的公共图书馆服务网络已初步形成,服务社区数达80%以上。

总而言之,温州市图书馆的办馆特色在于:立足温州城市特色,大胆改革、创新,以人性化管理、以读者需求为工作根本点,服务大众、服务城市发展。今后,虽然还会面临经费紧张、人才流失等困难和问题,但我们更应该看到十八大和十七届六中全会的大好形势,深刻认识我们处于文化建设的大好关键时期,温州市图书馆会把握机遇,迎难而上,突出重点,找出特色,服务大众。

图书馆应该是天堂的模样
——如何将图书馆打造成为城市最美的“第三空间”

包国武

Paradise: This Is What Libraries Should Look Like
—How to Build Libraries into the Most Beautiful “Third Space” in City

Bao Guowu

摘要：本文认为，目前公共图书馆正处于发展的黄金时期，文化综合体和联合体是其发展趋势，并从宣传推广、少儿服务、地方文献工作、员工素质培养等多个方面论述了应该如何打造梦想中的公共图书馆。

关键词：公共图书馆，第三空间，文化综合体，文化联合体

Abstract: The author thought, today the development of public libraries is in a golden age and becoming the cultural complex and combo is the trend. This article describes how to build up the dream public libraries from different aspects: publicizing and promoting, service to children, local literature work, staff training and so on.

Keywords: public library, the third space, cultural complex, cultural combo

阿根廷原国家图书馆馆长、著名作家博尔赫斯曾经说过：“如果有天堂，天堂应该是图书馆的模样。”现在，我对此深信不疑。

2009 年，国际图书馆界郑重提出了“作为第三空间的图书馆”的命题。“第三空间”的概念是美国社会学家雷·奥登伯格在《绝好的地方》一书中首先提出的。他认为，第一空间是家庭居所，第二空间是工作单位，二者之外的公共空间是第三空间，如酒吧、咖啡店、公园、电影院、图书馆、美术馆、博物馆等。本文认为，“第三空间”的发育成熟与城市化建设是相辅相成的，公共图书馆的发育成熟与城市化建设也是密不可分的。因此，研究和实践把图书馆打造成为城市最美的“第三空间”极具现实意义：只有这样才能推动图书馆对社会的广泛覆盖，引领城镇、乡村、社区图书馆的发展和建设。要实现以上目的，图书馆的理念必须符合社会潮流的发展，包括借鉴社会（如商业、企业等）现有模式和经验改善服务，图书馆业务规范和工作流程要做相应地调整，图书馆的建筑、设备和技术要予以配合，图书馆工作人员的标准也要有所改变。

包国武，台州市路桥区图书馆馆长，副研究馆员。E-mail:404768430@ qq. com

1　公共图书馆发展的黄金时代

1.1　小康社会需要小康文化

中国经济发展面临转型升级，文化发展滞后于经济的现状不可持久。公共图书馆作为面向社会各阶层，服务面最广泛，与社会可持续发展密切相关的文化单位，作用和地位更加突出。今天我们要建设小康社会，而作为城市"第三空间"的图书馆，则是体现较高精神文明与物质文明相统一的小康社会的标志之一。图书馆建设要从温饱文化状态转变到与小康文化相对应的要求上来，具体来说，就是从"以书为主"到"以人为本"。

1.2　国家政策鼓励

国家级文明城市公共图书馆藏书标准人均1.6册，而国际上的标准是人均2册(20世纪80年代)，2002年深圳市提出建设"图书馆之城"，人均藏书常住人口按人均6册、流动人口按人均2册计算。因此公共图书馆发展的空间依然很大，各地建设风起云涌，建筑面积1万、2万平方米以上的县级图书馆越来越多，公共图书馆在当今社会的地位、作用、影响不断加强，我们有理由相信，公共图书馆事业网络会越来越健全，基础会越来越坚实。

近几年来，国家财政部、文化部对公共图书馆免费开放的要求，也是国家重视图书馆建设的一个明显迹象和信号。

1.3　社会需求

如杭州图书馆，老馆50年时间办了7万本借书证，新馆开放一年半，办证21.7万本。以前的老馆在闹市区浣纱路上，而现在的新馆在偏僻的钱江新城，差距为何这么大？因为老馆只有6000多平方米，功能设施不全，现在新馆4万多平方米，功能设施较全面，因此，把广大读者潜藏多年的需求给激发出来。这种现象在很多新馆都有，而很多地方由于图书馆功能设施不足，以至于广大读者的需求依旧无法满足。

2　文化综合体和联合体是公共图书馆的发展趋势

公共图书馆成为了文化综合体和联合体，走上不可避免的社会化道路，是一个发展趋势。只有这样，图书馆才能在与其他城市"第三空间"竞争和吸引公众方面，具有更多的优势。为什么现代物流很发达，网上购物很便捷，而超市却越办越大？因为人是合群动物，超市一方面满足了人们更多商品和服务（托儿所、修理店、饮食店、游乐场、影院等）的需求，另一方面它也满足了人与人之间的交往需求。这也是现代图书馆需要更大空间、更多服务、更全设施的根本理由。

2.1　文化综合体

文化综合体，包含各种知识载体，不只是书刊，视听资料、光盘、多媒体电子读物、各类数据库等；空间上，除了传统书刊借阅外，还有学术交流厅、会议厅、演播厅、展示厅、卫星直播厅、高级听音室、各类信息发布厅、电子读物阅览室、多媒体阅读室、各类信息检索室、培训室等；除了传统读者服务内容外，社会性的讲座、展览、读书节、诗朗诵、故事会、知识竞赛、刊物出版、各种沙龙、图书馆组织参与的各类社会团体等也日益发展。以讲座和展览为例：

（1）讲座。2006年，文化部办公厅专门下发《关于深入开展公共图书馆讲座工作的通知》，各地涌现许多知名讲座品牌。特别是一些县级公共图书馆借讲座的举办，一举改变图书馆在很多地方领导和社会公众心目中地位不高，作用不大的定势。图书馆的讲座工作成了“阳春白雪”——高级起来了，图书馆作为社会大学的学术传播机、孵化器的作用得到了充分展现，图书馆的话语权也有了一定地提升。通过讲座形成的专家学者群，结合图书馆信息情报咨询服务，图书馆建成“地方智库”也是可以预期的。因此，做好讲座工作对公共图书馆的发展具有一定的战略意义，它具有一举多得的功效，需要引起高度重视。

（2）展览。随着新建图书馆的增加，展览厅的面积在数百平方米以上，使得公共图书馆在展览方面受到社会的关注越来越大，以艺术展为例，以前艺术家们更愿意放在美术馆、博物馆，而现在一些艺术家发现在公共图书馆办展览，社会参与面会更广泛，因为图书馆各阶层的读者都有，而且由于天下图书馆是一家，图书馆展览联盟的力量更强，这是一个无可比拟的资源。已经有一些公共图书馆利用这个联盟和网络，成功地帮助本地的艺术家走出去，这又增加了公共图书馆在本地的作用和社会影响力。而且，由于全省公共图书馆展览资源的共享，使得图书馆做到每周一展也有了实现的可能。

2.2　文化联合体

以人为本，人的价值回归，从“图书馆是城市居民的第二起居室”到“图书馆是城市的第三空间”，要求图书馆工作人员从后台走向前台，图书馆应重视对不同社会人群的构建和服务，发挥主动导引作用，如藏书、收藏、艺术、设计、心理、法律、医学、文学、教育等一系列沙龙，可以依托图书馆开展活动。图书馆不再是平面的，是多元化、立体的，单纯依靠图书馆自身人、财、物已无法满足职能运行需要，它要与社会各层面广泛联合，共建良好社会阅读生态环境。建成一个包含各级领导、部门、媒体、社会团体和广大读者共同参与的“图书馆统一战线”，将是图书馆事业发展的必胜法宝。

2.3　社会化的图书馆

我们需要借鉴企业、商业的成功运作模式，如股份企业的运作模式：把图书馆自身的人、财、物资源作为股份企业里面10%、20%、30%部分，用这个“1、2、3”整合社会的“7、8、9”。那种开独资公司、闭门办馆的思路，是无法实现图书馆服务惠及全民的使命的，只有政府主导、全社会参与的公共图书馆事业才是正途，我们要“跳出图书馆做图书馆”，这也与“功夫在诗外”道理相通。能做到这一点的图书馆一定是“社会化的图书馆”——不是我们要建设什么样的图书馆，而是社会需要我们成为什么样的图书馆，比如“音乐图书馆”“鞋类图书馆”“衣食住行图书馆”“女子图书馆”等；不仅仅是藏书、借书“书的图书馆”——以书为重；也不仅仅是“图书馆人的图书馆”——图书馆提供什么服务，读者就接受什么服务。需要特别指出的是，社会化不是把图书馆推向市场，它的意义在于：图书馆是社会有机组成部分，图书馆要为社会服好务，图书馆要能整合社会各种资源（人、财、物）实现功能发挥。

3　要把宣传推广服务工作放在战略地位上

现在，社会阅读率不足，图书借阅率不够，甚至有人以“一年不看一本书”为荣，这是一个严重的社会问题，这是我们开办读书节、图书馆服务宣传周、世界阅读日等活动的动因。2009年，温家宝总理在4月23日世界阅读日到了国家图书馆，讲了一番话：“这是一个真理，书籍是不能改变世界的，但读书可以改变人，而人是可以改变世界的！”此时此地此语是有政治意义的，中国人爱不爱看书的问题，不是小事，不是自己的事，而是国家、民族的事。

法国人均年看书达30本以上，美国平均不到3人就有一本借书证。犹太人在书上放蜜糖，然后让孩子用手指沾着蜜糖，放到嘴里，让他从小知道，书是甜的。这说明爱看书的习惯是可以培养和引导的。因此，我们要把宣传推广服务工作放在战略地位上。

美国大学图书馆经常邀请一些从来不到图书馆或很少来图书馆的人，在图书馆内举办"遥远的地方"为主题的沙龙和聚会，大家在图书馆群书环绕的氛围内，讲述和分享各自在外地旅游的见闻；他们也会请一些社区的人到图书馆内介绍社区的历史和趣闻，最后拿出社区的土特产与读者分享。德国的社区图书馆，会召集一些孩子在图书馆过一晚上。

4 高度重视少儿阅读和地方文献工作

4.1 少儿阅读工作

少儿阅读工作聚集一家人。美国《图书馆宣言十二条》："第六条，图书馆为儿童打开心灵的窗户……第七条，图书馆的服务会得到社会应有的回报，图书馆培养出无数的董事长和总经理，同时也得到大量来自他们的捐赠和回报。因此，图书馆服务的效益不少是间接的、潜在的。图书馆员要放眼未来，因为他们的劳动必然会在未来的某一时刻得到回报。"美国人的远见值得我们借鉴。从现实来讲，孩子是家庭的未来，通过孩子到少儿图书馆借阅图书，达到"小手牵大手"的效果——孩子，然后是妈妈、老人、爸爸，一家人在图书馆聚集。关注孩子借阅，特别是吸引低幼儿到图书馆参加活动，就有可能培养忠诚的读者。

有些县级图书馆，馆舍面积小，功能设施不足，经费少，可以先把少儿借阅做大，进而造势，引起社会关注，推动事业发展。

4.2 地方文献工作

地方文献工作不可替代。浙江省委、省政府办公厅专门就加强图书馆地方文献工作下发过文件，可见地方文献工作的重要，它是一个公共图书馆区别于其他图书馆的不同特色。地方文献工作应"用藏结合""以用促藏"，举办地方名人、地方历史文化类的展览可以更好地宣传；建立地方文献民间志愿者组织可以解决图书馆面广人少的窘境；举办征文、书画、摄影等相关活动，可以主动产生大量地方文献；将地方文献的资料出版成报刊，可以变被动收集为主动、自动收集，又可以与图书馆的网站一起成为图书馆自办的媒体——“电视台”和“报纸、杂志”，便于鼓与呼……

5 最受欢迎的图书馆员工

最受欢迎的图书馆员工应该具备以下一些素质：

首先，具有全心全意为读者服务的信念，优良的职业道德，任劳任怨的态度，一丝不苟的创业精神，以及善于团结、热忱待人的品德等。研究表明，一个人只要拿出30%的精力就可以做到工作称职，如果拿出60%以上的精力就可以做到优秀。良好的职业修养决定了一个人的未来成就，具有良好职业修养的人，他能较好地克服自己的喜怒哀乐等情绪的影响，尽力尽责做好本职工作。因此，责任心就是干好分内事，而事业心还能够积极做一些分外之事，这样的人更是宝贵。其次，已较好地掌握了本门学科的基础理论、专门知识和基本技能，乃至具有坚实而宽广的基础理论和系统而深入的专业知识、具有持续学习能力的人。再次，要具有独立工作的能力，勇挑重担，善于化解各种矛盾，并具有较好的心理承受能力。最后，要有健康的身心。

6 梦想中的图书馆

完整意义上的图书馆不是一栋大楼，它是由“中心馆”“馆外馆”“虚拟馆”三合一的，一个广覆盖、具实效、多模式、多内容的、惠全民的图书服务体系——“15分钟步行距离图书服务圈”。这一服务圈主要由两部分组成：

一是“馆外馆”——分馆、乡村图书馆、其他。

“其他”包括：24小时自助借还图书机（深圳经验，在闹市或人群密集区），流动图书车，图书服务亭（乌鲁木齐经验，类似卖报亭），超市、卫生院图书服务点（河北某县经验，类似分馆模式），再整合军营、企业、学校图书馆（室）加入到图书服务体系中。

二是“虚拟馆”——网站、数字图书馆、空中图书馆。

在县级可以做到本地IP范围内的市民,在家上网就可免费使用数字图书馆,可以看电子图书、电子报纸、热门杂志。空中图书馆则可以听音乐、听图书朗读,为婴幼儿、盲人等其他人士提供各种专门服务。可以查论文,专刊、年鉴、国外专利文献和行业标准等资料。可以在线学习英语,使用教育教学资源和工具,包括各种职业资格考试题库等。

还要注意的一点是,图书馆的装修可以不求奢华,但应该体现时尚、浪漫、温馨、文化气息和地方特色。

时尚:少儿、青年、妇女是图书馆服务的重要目标群,时尚的成功能够把他们吸引到图书馆来。让全社会认为,爱看书、拿着书是有品位、有文化的事。

浪漫:比如,每年4月23日世界读书日(在西班牙送小伙一枝玫瑰给女孩子献殷勤,送女孩一本书给小伙子励其志:好好努力,将来好娶我!),图书馆都可以举办"当天借书前100名获赠一支玫瑰"活动;每周可在多功能报告厅举办"星期二情话",即放映中外爱情影片,凭图书馆借书证可免费领2张票;在图书馆(历史保管员)举办证婚仪式的,其婚照可在图书馆内永久陈列展示。

温馨:突出"市民书房""城市客厅"理念,借鉴咖啡座、茶楼的布局,用书架围合成一个个大小不一、曲折变化的阅读空间,使有限空间有无限变化。用各种色彩、有品位的桌椅家具,创造温馨舒适、使人们流连忘返的空间。

文化气息和地方特色:图书馆墙面、书架、阅览桌椅、走道、大厅等空间要像报纸版面一样充分运用,可以展示陈列孩子习作、友好城市赠送礼品、当地历任领导赠送礼品、社会各界赠送图书及礼品、地方人物作品和个人简介,包含字画、老照片、信函、工艺品、图书、碑拓、楹联、手工制品等载体形式。这是图书馆内隐含的展示陈列馆,这样的图书馆不是钢筋混凝土的冰冷建筑,而是富有人情味、文化气息和地方特色的建筑。在商业里有一条规律:一个顾客可以影响到大约200人左右。也就是说,顾客说你好,可以告诉200人;说你不好,也可以告诉200人。据说这个规律是西方的一个殡仪馆工作人员发现的:一般给死者送行的人大约是200人左右。

因此,我们可以想象,图书馆的各种空间只要展示了与1000人(无关男女老少、文凭高低、贫富差距)有关的物件,理论上说就是让20万人很高兴;如果是2000人有关的物件,那就是40万人很高兴。这样的图书馆有了信仰的力量,也就有了"庙"的效能,即便某一天外在建筑突然倒塌了,内核却依然留在人们心中!这会让我们对如何以读者为重、以人为本,实现图书馆的社会化有更多的启迪——聚沙成塔,积土成山。

天堂模样的图书馆不会从天上掉下来,图书馆要打造成为城市最美的"第三空间",它需要我们共同的努力,这是我们现代图书馆人的永恒使命。

杭州图书馆微博服务初探

章 文

Preliminary Exploring on Microblog Service of Hangzhou Public Library

Zhang Wen

摘要：本文通过对杭州图书馆微博服务内容、推广策略、未来发展等方面的研究和阐述，论述微博对公共图书馆网络服务的重要性。

关键词：微博，图书馆微博，公共图书馆，杭州图书馆

Abstract: This article discusses the importance of microblog to public libraries' internet service from different aspects in Hangzhou Public Library, such as the content of microblog service, the promotion strategy, the future development, etc.

Keywords: microblog, library microblog, public library, Hangzhou Public Library

1 引言

微博，即微博客（Microblog）的简称，是一个基于用户关系信息分享、传播以及获取的平台，用户可以通过WEB、WAP等各种客户端组建个人社区，以140字左右的文字更新信息，并实现即时分享。最早也是最著名的微博是美国Twitter。2009年8月，中国门户网站新浪推出“新浪微博”内测版，成为门户网站中第一家提供微博服务的网站，微博正式进入中文上网主流人群视野[1]。

2010年又称“微博元年”，微博以突然的方式爆发，这一年的微博在网络和现实社会都掀起了前所未有的全民信息共享时代。140个字，短小，一秒钟的传播时间，迅捷，但却具备了信息社会中能量最大化的最基本优势[2]。当时微博对于国内公共图书馆界来说还是一个全新领域，只有三家公共图书馆开设了微博[3]，如今微博已成为人们诉求、沟通交流的最重要平台。

微博为图书馆的品牌宣传提供了全新的渠道与平台，从而有利于实现图书馆服务的品牌化。图书馆可以通过微博这一网络窗口面向社会大众，突破时空的局限，提供优质服务，塑造良好的形象，提高服务品牌知名度[4]。

章文，杭州图书馆，馆员。E-mail：15945238@qq.com

2 杭州图书馆微博概况

为了改变图书馆在大家心目中固有的严肃、古板、内敛的印象，杭州图书馆利用微博这种新兴的社交手段来宣传图书馆的服务理念、展现图书馆新风貌。2010年12月和2011年1月杭州图书馆先后在新浪微博和腾讯微博开通官方微博，并进行了实名认证。截至2013年6月25日，杭州图书馆新浪微博发布微博8386条，粉丝数为20 235；杭州图书馆腾讯微博发布微博4507条，听众数为247 695。

在我国的微博平台中，新浪微博和腾讯微博市场份额位居前列，远远超过其他平台。截至2012年年底，新浪微博注册用户数已突破4亿[5]；腾讯微博注册账户数已达到5.4亿，日均活跃用户数超1亿[6]。新浪微博的受众面广而全面，信息扩散度很高，而腾讯微博用户多为青少年，更偏重娱乐性。杭州图书馆选择同时在新浪微博和腾讯微博这两个市场份额领先的微博平台开设账号，增加了传播受众，大大提高了推广效率。

2011年1月18日，新浪微博网友贺兰泰发布的一条关于杭州图书馆纳乞的微博，一夜之间被转发6000多次，引发了网友声势浩大的力挺之声，杭州图书馆被网友称为“史上最温暖图书馆”，《人民日报》、新华社、中央电视台等几十家媒体都对本次事件进行了采访报道，公共图书馆也因此事件重新走到公众视野之中。

杭州图书馆微博管理员利用这次事件，积极与网友互动，并顺势宣传办馆理念，介绍服务功能，在短时间内聚集大量人气。杭州图书馆的走红其实也是所有公共图书馆整体抱团宣传的一次大好机会，由此引出的是公共图书馆服务的转变，让读者关注身边的图书馆，了解图书馆，从而吸引他们走进图书馆。这次事件之后，公共图书馆微博如雨后春笋般不断涌现，短短几个月，新浪微博就开辟了“名人堂·图书馆”板块，杭州图书馆微博率先入驻。

3 杭州图书馆微博服务内容

3.1 信息发布

微博传播的便捷性和时效性使其成为有效的信息发布平台，杭州图书馆微博将各种通知公告、业界资讯、文化动态、培训招生等常规信息发布在微博上，让读者快速地获取自己所需要的信息。虽然同样的信息也会发布在杭州图书馆网站上，但读者登录网站后才能查看信息，而微博不一样，网友只需通过移动终端刷新微博，就能随时随地了解图书馆各类最新动态。例如，2012 年 8 月，杭州图书馆微博发布了一条台风闭馆的通知，这条微博在短时间内被网友和媒体微博转发近百次。网友通过查看杭州图书馆微博或别人的转发，同步接收到该条微博，不少读者都因此才没有白跑一趟。

3.2 服务推介

微博的共享性使其成为杭州图书馆推荐图书及数字资源、阅读推广等服务的最佳媒介。利用微博进行好书推荐，介绍读书方法，是杭州图书馆微博发布的主要内容之一，基本有以下几种推介方式：

- 好书推荐、新书推荐：介绍图书内容、作者、出版社、索取号、推荐评语；
- 书评随笔：书评感悟推荐；
- 借阅排行榜：每月发布三次借阅量排名前十位的图书榜单；
- 专题图书推荐：围绕某一主题推荐相关图书；
- 网友荐书：转发网友推荐的好书；
- 名家与阅读：介绍古今中外名人阅读的方法和小故事；
- 转发其他图书馆的图书推荐信息、分享阅读心得。

3.3 咨询解答和舆情监督

杭州图书馆开设微博后，充分利用微博即时互动的特点，积极与网友互动交流，快速解答读者咨询、建议投诉等。接到网友@提醒或者评论，第一时间回复很重要，快速反应往往能让刚刚发布评论和微博的人更容易感到贴心。2012 年，杭州图书馆微博回复网友咨询次数达 1807 次，成为读者直接与杭图沟通的重要窗口。

微博的开放性特点，使信息发布更为自由，传播速度也更为迅速。杭州图书馆微博通过监测“杭州图书馆”“杭图”等关键字来追踪网友对杭州图书馆微博以及杭州图书馆工作的评价，第一时间了解读者对杭州图书馆当前工作的意见和建议，主动与网友互动，做好及时反馈工作，从而提高图书馆的工作质量，提高读者满意度，进一步使杭州图书馆在用户中提高美誉度和知名度。

3.4 图书馆宣传

微博成为图书馆宣传的新媒体，利用微博进行图书馆形象宣传，推广普及图书馆相关知识及各种文化知识。

微博的视频功能支持新浪播客、优酷网、土豆网、酷6网、我乐网、奇艺网、凤凰网等视频资源，杭州图书馆微博在首页的焦点区上传杭州图书馆相关视频，如杭州图书馆宣传片、音乐图书馆微电影等，通过这些视频使网友对杭州图书馆服务理念和服务内容形成较为直观地了解。

杭州图书馆微博设置了“世界图书馆之旅”“图书馆那些宝贝”“名人与图书馆”等知识性栏目，在推广杭州图书馆服务的同时，从多种角度全面展示世界图书馆文化。

3.5 活动推广

推广图书馆活动是杭州图书馆微博开设的主要目的之一。主要内容有馆内活动预告、活动直播、活动报道、微博线上活动等。通过微博即时报道馆内重大活动，将线下活动通过微博传递给网友，招募粉丝到馆全程参与，也可让网友在线上同步体验。

微博不仅是一个信息发布、资源共享的平台，更是凝聚读者，服务读者的重要纽带。杭州图书馆微博会不定期举办微博活动，通过新颖有趣的活动吸引网友关注图书馆。2011年12月，杭图微博策划了“‘凹’出你的新年祝福——杭图微博向您征集随手拍”微博活动，将活动发布在新浪微博“微活动”中，开设活动的专属页面，网友直接通过活动页面晒照片、发表评论，管理员则可以通过微活动页面邀请指定粉丝参加活动。后台还支持活动参与人数统计，方便管理员即时掌握活动进度和效果。收到投稿提醒后，及时将投稿微博转发到杭州图书馆微博，并发布简短有趣的评论，以持续保持活动曝光量。2012年的大年初一，将该活动延伸到了线下，在杭州图书馆大厅举行“‘凹’出你的祝福，写下你的寄语”。当天参与活动的读者照片直接发布到杭州图书馆微博，线上线下同步举行，而杭州图书馆微博的粉丝量也在活动期间节节攀升。

3.6　分享交流

通过关注图书馆业界账号,轻松搭建起一个方便快捷的业界交流平台,以转发或评论的方式进行业务交流,分享活动创意,探讨图书馆发展方向,透过微博向大众传递公共图书馆的服务理念,树立起公共图书馆的全新形象。

通过分享有趣的图书馆创意、感悟、小故事、笑话等,吸引粉丝互动,与粉丝交流。这种方式可以改变公众心中图书馆一贯严肃的形象,使其更具亲和力,拉近图书馆和读者之间的距离。

4　杭州图书馆微博推广策略

4.1　运作热门话题

利用热门话题推广图书馆馆藏和服务。新浪微博"微话题"每天都会实时更新最新热门话题榜,杭州图书馆微博会选择与图书馆业务相近或相关的话题进行绑定宣传,例如,乔布斯去世和奥斯卡颁奖,杭州图书馆微博利用这两个话题介绍杭图的相关馆藏,让关注这两个话题的网民能够看到杭州图书馆推荐的与乔布斯、奥斯卡有关的馆藏书籍或音像资料等,扩大了推广范围也提高了馆藏资源的利用率。2011年,西湖申遗成为杭州市民关注的热点话题,杭州图书馆专题文献中心特别策划了"一位市民的西湖申遗情结"展览与沙龙活动,在宣传该活动的同时,杭州图书馆微博将文澜在线自建的特色资源库"西湖古今览胜"的内容发布在微博上,用"#西湖申遗#"话题结合推广,取得良好的推广效果。

4.2　善用"#话题#"功能

考虑到图书馆品牌营销和宣传的需要,杭州图书馆微博策划了一些固定的栏目,不同的栏目覆盖不同的粉丝,久而久之产生影响力,还会吸引粉丝主动投稿。微博内容尽可能以"#关键词组#"作为话题发布,使微博形式更为整齐,方便网友搜索并增加被阅读的几率。采取"#话题#"统一格式发布微博,也能方便网友全程追踪。

杭州图书馆微博从2011年起设置了"#世界图书馆之旅#"栏目,内容介绍全世界有特色的图书馆服务、建筑、历史等,覆盖的粉丝有喜欢图书馆的文艺青年,也有热爱环球旅行的背包客们。只要是和图书馆或阅读相关的微博,网友们经常会主动提醒@杭州图书馆,大大丰富了微博发布内容。

4.3 网友互动助推广

杭州图书馆微博每年会策划多种形式的微博活动吸引网友参与,鼓励网友参与微博内容投稿,直播图书馆各类活动等。

举行微博活动是短时间聚集人气和曝光度的有效手段,参与要求和方式尽可能简单,不设太多限制,低门槛、易操作的活动更能激起网友的参与欲望,杭州图书馆微博的活动大多数是有奖活动,参与方式以答题、随手拍为主。

4.4 跨界合作助推广

分享是微博营销推广的重要一环,只有通过网友之间不断地分享,才能形成规模传播效应。每个人都拥有不同的影响力和扩散力,特别是公众人物、媒体等微博大V账号的效应能够使微博的传播量呈几何级放大。

鉴于公共图书馆微博自身知名度和关注度的不足,可以借助外界力量来获得广泛地宣传。如主动寻求拥有几万甚至百万粉丝数的媒体、名人等微博来转发图书馆活动,利用这些账号庞大的粉丝量对微博进行放射性转载推广,可弥补图书馆微博受众群体的局限性,使品牌及服务的传播效果最大化。

杭州图书馆微博在发布书评或推荐图书时会@提醒作者;请名人来杭州图书馆举办讲座或担任活动嘉宾时,在微博上发布预告、宣传、报道,都会@主讲人、@嘉宾或合作机构。一旦获得微博大V的转帖或评论,及时在微博上进行回复或交流,借助名人效应提升网友的关注度。

5 杭州图书馆微博服务的建议

5.1 建立微博矩阵,细分服务人群,丰富推广形式

杭州图书馆微博是一个综合性的官方微博,用来发布信息、进行品牌宣传、提供在线服务、推广活动等。未来可以建立多种类型的微博子账户,如品牌活动微博、部门微博、馆员微博等,细分服务人群,在推广各自服务的同时与矩阵内其他微博积极互动、转发评论,联动推广,形成一个完整的微博营销推广体系,能更好地提升微博活跃度,服务人群更为广泛全面。

目前杭州图书馆已开通的品牌微博有“文澜沙龙小喇叭”“杭州图书馆音乐分馆官博”“心随阅动”等，这些微博有热心读者自建，也有馆内部门微博。

5.2 加强在线参考咨询服务

参考咨询是发挥图书馆情报职能，开发文献资源，提高文献利用率的重要手段。微博的出现为图书馆参考咨询提供了一个新的交互式服务平台。咨询馆员可以开设参考咨询微博账号，对用户进行引导，回答用户的提问，有针对性地向用户提供相关的文献知识。用户咨询的方式将不再受限，无需登录在线参考咨询的网页平台，通过多种类型的移动客户端就能与咨询馆员进行沟通。

5.3 加强社会化合作，寻求多领域发展

通过与不同社会力量合作发起微博线上线下活动，拓宽图书馆影响范围，在多种领域推广宣传，增加杭州图书馆知名度，将服务全方位延伸到各类用户群中，以吸引更多网友走进实体图书馆。

5.4 组建微博管理团队

在人员配置上壮大微博管理团队，组成分工明确的专业化队伍，使微博服务更为多元化，服务群体更有针对性。

6 结语

杭州图书馆微博开通两年多来，已然成为杭州图书馆实体服务在网络世界中延伸的前沿阵地，杭州图书馆利用微博成功搭建起一条信息快速通道，读者通过微博随时掌握图书馆的最新动态，实现即时咨询，与馆员进行话题互动，提高了图书馆信誉度，获得了网友对图书馆更多的信任与支持。杭州图书馆则通过微博实现信息的实时更新和及时传达，并通过读者的转发在短时间内有效扩大信息的受众面和宣传度，提升服务效果，以求让更多的人通过微博了解图书馆、关注图书馆，从而走进图书馆、利用图书馆。图书馆也能通过微博了解读者的需求，改被动服务为主动服务，让图书馆走出深闺，走到读者身边。

参考文献

1 百度百科. 微博[EB/OL]. [2011-08-09]. http://baike.baidu.com/view/1567099.htm.

2　微博元年:围观的力量[EB/OL].[2011－08－09].http://news.xinhuanet.com/herald/2010－12/21/c_13657984.htm.

3　徐德军.国内微博图书馆应用现状研究[J].探索与观察,2012(3).

4　王佳琦,刘甲学.图书馆微博服务价值及其策略分[J].情报探索,2012(4).

5　2012媒体微博高峰论坛举办新浪发媒体微博报[EB/OL].[2013－01－23].http://www.sznews.com/news/content/2013－01/23/content_7638692.htm.

6　腾讯微博用户数达5.4亿　日均活跃用户数超亿[EB/OL].[2013－01－23].http://tech.qq.com/a/20130121/000094.htm.

我们可以走得更远
——为女性开展专题服务的经验和未来

杨 熔

We Can Go Further
—Experience and Future of Providing Special Service for Women

Yang Rong

摘要：本文以深圳南山图书馆为女性开展专题服务为例，论述了图书馆为什么要开展女性专题服务，如何开展女性专题服务，以及图书馆开展女性专题服务的前景。

关键词：图书馆，女性专题服务，深圳南山区

Abstract: In this article, the author takes Shenzhen Nanshan Library providing special service for women as example, then discusses why the library should provide special service for women, how to carry out women thematic service, and the future for libraries to carry out this special service.

Keywords: library, women thematic service, Shenzhen Nanshan District

1 社会背景

中国女性生活在复杂的地区背景和时代背景下，中国传统文化对她们的影响久远而深刻，现在中国正处在工业化、信息化、全球化的巨变时期，女性受到的冲击尤其大。以往，她们挑战传统观念，如男主外女主内的社会分工、男强女弱的性别定位、女子无才便是德等人生价值取向，从家庭走向社会；今天，她们面临着知识贫困、信息鸿沟、亲子教育等文化上更大的困境。帮助她们走出困境，正是图书馆的责任和使命。

2 中国女性生活状态和她们对图书馆的需求调查

了解她们，才能服务于她们。中国女性的社会角色是什么？她们的生活状态如何？她们对图书馆有哪些需要？前两个问题，我将引用中华全国妇女联合会与中国国家统计局2010年12月1日开始的《第三期中国妇女社会地位调查主要数据报告》数据进行总结；第三个问题我和同事开展了独立问卷调查，并得出了本文的结论。

杨熔，深圳南山图书馆，副研究馆员。E-mail：eelaa@126.com

2.1　中国女性的社会角色和生活状态

第三期中国妇女社会地位调查根据全国范围内 125 978 份调查表得出了统计数据[1]，我对数据进行了分类，将其中与图书馆服务相关的特点，总结为如下四点：

第一，中国女性的经济地位及社会地位比男性低。支持数据：18—64 岁女性就业率 71.1%，男性 87.2%，女性劳动收入仅为男性的 61.7%；其中 2.2% 女性为所在单位负责人，只是男性的一半；认为男性比女性社会地位高的有 33.7%，认为女性比男性高的只有 3.4%。

第二，中国女性的生活方式比男性保守。支持数据：72.0% 的女性承担家庭中全部家务，只有 16.0% 男性需要这样；有宗教信仰者女性 12.6%，男性 8.3%；老年妇女平均每天从事家务劳动的时间是老年男性的 1.7 倍。65 岁以上老人丧偶后未再婚的女性 49.5%，而男性只有 20.4%。

第三，中国女性受教育水平比男性低。支持数据：18—64 岁女性平均受教育年限 8.8 年，比 2000 年增加 2.7 年，但仍然比男性少 0.3 年。

第四，中国女性面临的信息鸿沟比社会平均水平大。支持数据：女性上网比例 29.1%，男性 34.1%；中国互联网络信息中心发布的第 31 次中国互联网络发展状况统计报告[2]中显示，2012 年年底全国互联网平均普及率 42.1%，但女性网民仅为 33.3%，报告指出在中国大学学习计算机专业的女性与男性的比率是 1∶3。

这四个特点都是在与男性或社会整体水平对比的基础上得出的，很好地显示了女性需要得到更多的经济、法律、信息和教育方面的关注和帮助。因此，我们做了下面的调查，研究图书馆可以为女性做些什么。

2.2　女性对图书馆的需求

我们采用的是问卷调查，问题包含对图书馆的需求和评价，答卷方法包括在列举项中选择和自由增加陈述，发放渠道包括现实及网络两种，现实问卷的调查范围在深圳市，网络问卷通过 QQ 没有地区限制，问卷发放对象是随机社会公众（不限于女性）。

调查分别在 2007 年 12 月、2008 年 8 月、2013 年 6 月开展三次，共发放问卷 3930 份，回收 3760 份，其中女性答卷 1641 份。这里，我对选择人数在 500 人以上的选项进行归类，得出以下结论。

第一，对基本信息服务的需要：最需要对自己心灵成长的帮助信息

(953 人选择),以及生活中的法律信息(513 人选择)。

第二,信息技能培训和使用帮助:包括计算机和网络使用培训(786 人选择),帮助提高信息检索能力(858 人选择)。

第三,阅读和学习需要:读书沙龙(1146 人选择),亲子阅读(537 人选择)。

第四,社区公共空间的需要:图书馆提供更多社区公共学习娱乐空间(1002 人选择)。

3　今天,我们为女性服务的理念和实践

3.1　行动始于理念

我们为女性服务的理念包含四个方面:

第一,改变观念。不仅仅是前来借书或阅读的人才是我们的读者,也包括可能需要来借书、阅读以及寻求信息,却没有条件来的人,这其中,很大一部分是女人。

第二,游说政府,影响决策。阐述女性文化关怀关系着民族的未来,争取政府更多的专项资金和政策,向女性服务倾斜,为实践提供资金保障。

第三,联合一切可能的合作者,形成关爱女性的社会力量。包括公益组织、专业机构、高等院校、企业、媒体,只要有共同目标,就可以联合。团结就是力量。

第四,行动起来。行动是一切的前提,在实践中成长、进步。

3.2　实践分享——来自深圳南山图书馆的案例

特别说明,本节所有案例引用的数据,均来自南山图书馆 2005—2012 年年报。

3.2.1　阳光计划——帮助女性维护法律权利

本计划始于 2006 年 11 月,推广“星期天法律服务日”,由本馆与深圳大学法学院共同发起,我方提供服务场地,负责服务策划、推广,接待服务对象,对方派出有律师执业资格的老师和大学生,每个星期天 10:00—17:00服务(特别说明:不拒绝男性),服务免费。

项目因太受欢迎而接待能力不足,2011 年 3 月我馆增加合作对象,与南山区义工联会合作,在我馆成立了文化义工队,开放注册义工申请,自愿成为法律义工并拥有国家律师执业资格证者,均可加入文化义工队参与这

项服务。目前已经有18名执业律师和将近200名法律专业学生义工，每期有1名律师和2名学生共同服务。

这项服务除公众假期外，从未中断。到2012年，801人次的律师已经服务287期5607小时，共接待5911名用户。服务过程中，若发现案例当事人弱势且涉及家庭暴力、性别侵害等，律师也自愿提供免费司法帮助，或协助其向政府法律援助机构申请司法救助。

我们希望这个计划像阳光一样，给公众特别是女性带去法律的公平，让她们感受到温暖。

3.2.2　春天计划——帮助女性和他们的孩子心灵成长

本计划始于2007年6月，我馆和一家心理咨询公司共同发起，推广“星期五心理健康日”，每周五15:00—21:00服务（特别说明：不拒绝男性）。我馆提供专业设备和心理咨询专用房间，负责服务接待和项目联络，公司委派持有国家心理咨询师职业资格证书的员工提供免费心理咨询专业服务。

2009年5月，服务规模扩大，我馆游说深圳市心理咨询行业协会加入合作，欢迎该协会所有执业心理咨询师自愿加入我们的服务计划，作为志愿心理咨询师（2011年3月后他们也可以自愿成为文化义工队注册义工），现在共有29名注册义工心理咨询师参与服务。

除公众假期外，服务从未中断。到2012年，379人次的心理咨询师已经服务263期2322小时，共有3555名用户到访。这项服务的成效非常显著，女性独自或带着孩子和家人来咨询的案例都很多，其中很多人曾遭受多年的心理困扰，但因付不起咨询费而一直默默忍受。有一个极端案例，求助者是某自杀小组的成员，因各种不如意的生活境遇，已经相互约定于某个时间同时自杀，她偶然来到我馆，咨询师用自己的专业技巧帮助她，并跟她约定连续数周都来复诊（超过自杀约定日），咨询结束后，她放弃自杀，而她后来也影响整个小组都放弃了自杀。

我们开展这个计划，努力把春天带到人间，给中国女性和孩子带去心灵的希望，让她们坚强地生活，勇敢地追求人生幸福。2011年11月，这个项目获得了深圳市第三届慈善公益项目创意大赛入围奖。（特别说明：以上两个项目，我们按照严格的用户隐私保密制度处理服务档案。在义工考核方面，我们随机挑选案例当事人填写反馈表或通过电话回访来评估服务效果，并据此评价义工的工作。）

3.2.3 健康讲座——推动女性关爱自己的身心

本项目开始于2005年1月,全名“百姓健康讲坛”,由我馆与南山区卫生局合办,我馆提供讲座报告厅和专业设备,负责活动推广、组织听众以及讲座录音上网等后续技术加工,卫生局负责组建几十人的医学和健康专家讲师团,承担讲师费用。讲座在星期六或星期天下午举办,讲座主题以健康保健知识特别是女性健康知识为主,但不拒绝男性参与。

讲座很受欢迎,主题从心理到身体健康,教育人们(特别是女性)关爱自己。至今已开办154场,有19 772人参加。

3.2.4 读书沙龙——鼓励女性自己阅读及亲子阅读

沙龙从2011年3月开始举办,分为大众阅读、亲子阅读、英语阅读等系列,分别关注心灵交流、女性阅读、亲子阅读、英语阅读表达等主题,在星期六或星期日举办。图书馆员担任沙龙主持人(有时候聘请知名专家),鼓励每个人都参与交流并分享自我阅读、亲子阅读的体验和方法,并围绕主题加以讨论。到2012年年底,已经举办沙龙活动130场,10 698人参加活动。

沙龙交流热烈,在每次结束后还有很多人要求继续交流,因此,我们建立了网络阅读QQ交流小组和官方微博,所有愿意加入的人(不拒绝男性)都可以加入,甚至24小时保持互动。2013年,这样的小组有9个,加入的成员超过2700人,且每天都在增加,现实和线上交流结合的方法对女性和家庭阅读的促进效果非常好!

4 未来,我们为女性服务的计划

4.1 为女性提供信息技能培训

我们计划利用本馆现有电子阅览室资源——142台连接Internet的电脑,在每周一不开放时,开展老年和女性IT技能培训,由专业馆员教授使用电脑、网络、移动终端的基础知识,并普及常用信息搜索、网络交流和日常生活软件的使用技术,还计划制定图文版的教程,免费发放,让不上课的人也受益。

4.2 提供更丰富的女性文化娱乐第三空间

由于中国女性生活方式相对保守,很多女人社交圈狭窄,缺少参与社会公共交流的机会,图书馆有义务提供更多这样的空间,让女性在此找到在文化、娱乐等方面有共同兴趣的同伴，拓宽社交生活。本馆已经在做的“大众电影”项目——每周五晚免费放映一部电影（由国家文化部集中支付放映版权），就是这类服务之一。事实上，本馆已经成为周围社区很多女性自发组成的兴趣小组的活动中心，现在要做的是提供更多的配套服务，并发挥组织者的作用。

4.3　女性职业发展和失业辅导

女性职业发展和失业辅导是图书馆信息服务的一部分，早在2000年左右我们就以专题信息的方式在免费做，但没有专门关注女性，今后计划出女性专辑。

4.4　反家庭暴力专题服务

深圳市是中国改革开放后才建立的移民城市，市民中绝大部分是全国各地来的创业者和开拓者，由于中国的户籍管理制度和其他经济原因，很多夫妻、亲子都经历了长期分居之后才团聚，由于生活节奏过快，人们生存压力很大，各种程度的家庭暴力、冷暴力较多。我们正在计划游说区级妇女联合会和大众媒体，成立反家庭暴力专题服务中心，向遭受家庭暴力者（通常是女性和孩子）提供帮助，包括反家庭暴力信息宣传、反家庭暴力措施教育、提供司法援助和心理关爱、借助媒体力量推动地区和国家反家庭暴力立法及开展社会庇护等。

参考文献

1　第三期中国妇女社会地位调查课题组. 第三期中国妇女社会地位调查主要数据报告[J]. 妇女研究论丛，2011(6).

2　中国互联网络信息中心. 中国互联网络发展状况统计报告[EB/OL]. [2013-05-12]. http://www.cnnic.cn/hlwfzyj/hlwxzbg/hlwtjbg/201301/P020130122600399530412.pdf.

下篇　全球公共图书馆第三文化空间实践案例

Part Two　The Third Cultural Space Practice Cases of Global Public Libraries

新加坡公共图书馆
——充满创意和活力的空间

Library in Singapore
—A Space Full of Creativity and Vitality

新加坡公共图书馆的管理和服务都堪称一流，充满着创意和活力。比如在购物中心设立图书馆，将图书馆融入商业和生活中心区域。

新加坡的图书馆走进购物中心计划源自于"公元 2000 年图书馆检讨委员会"1994 年 3 月出台的报告书中的一项建议。购物中心由于地点适中，外观和设施都很现代化，图书馆建在购物中心，许多居民都会在举家出门休闲娱乐时，带孩子到图书馆看书；学生放学后，也结伴到图书馆来；还有些家庭主妇和上班族更趁到超市购物时，顺便到图书馆借书。图书馆日益走进现代家庭的生活之中。

自 1996 年 3 月第一所坐落在购物中心的裕廊西部社区图书馆开馆以来，不断有新的设在购物中心的社区图书馆落成，这些图书馆通过便捷的

位于购物中心四楼的 Chinatowm 图书馆

地利、亲和的环境等优势，拉近了与公众的距离。比如武吉班让公共图书馆、程国圣公共图书馆、唐城图书馆、义顺公共图书馆等，而预计将在2014年下半年投入服务的乌节图书馆，将会是新加坡设在购物中心的第12所图书馆。

新加坡图书馆的青少年服务也很有特色。以裕廊区域图书馆为例。

裕廊区域图书馆是新加坡第三所区域图书馆，也是新加坡国家图书馆管理局下属的公共图书馆网络中最大的公共图书馆。原先为裕廊东部区域的社区图书馆，2004年翻新后，作为区域图书馆重新开放。该馆占据4层及1个地下室，总建筑面积12 020平方米。

裕廊区域图书馆是个自由灵活的空间，青少年服务是其一大亮点。

自由自在的做事，爱干什么就干什么——这是大多数青少年的梦想。裕廊区域图书馆为实现青少年读者的自由梦与创作梦，进行了很多独特的规划。

图书馆的第三层就是专门针对青少年读者而创设的，空间里的很多设计创意都来自青少年志愿者自己。他们可以根据自己的兴趣爱好参加相应的活动。

这儿，靠着大玻璃墙扔着许多“大麻袋”（特制布包），人一坐下就陷进去，那感觉真是舒服极了！还有大红色的皮质圈椅，靠背很高，里头看起来真像一个私密小房间，如果你想和要好的朋友说什么悄悄话，这儿可是绝佳选择。

青少年活动空间还特设了“迷你舞台”与宽敞的讨论空间，你可以随心所欲地表达自己；还有“涂鸦艺术角落”让你挥洒创意。当然，图书馆还会举办辩论、乐队演奏、街头舞蹈等青少年喜爱的活动，让他们好好过一把“明星瘾”；另外，还会定期举办读书会，让他们当指导员，过一把“成人瘾”；有时也与学校合作，鼓励青少年踊跃撰写书评或推荐书目，让他们过一把“作家瘾”……

如果你喜欢玩游戏，这儿也有你的用武之地。2009年，裕廊区域图书馆以“游戏交流会”的形式建立另类平台，鼓励孩子们通过玩乐方式吸收新知识，营造一个充满互动的学习空间。如果你完成所有游戏环节，不仅能赢得相应的奖品，也能了解许多相关的知识，真是一举两得。

在这个愉快的空间里,青少年可以充分发挥自己的兴趣爱好,尽情地享受学习与生活的乐趣。

资料提供:冯亚慧 何 妨

参考文献

1 National Library Broad Singapore[EB/OL].[2013-05-26]. http://www. nlb. gov. sg/.

2 当图书馆遇见新加坡创意[EB/OL].[2013-05-26]. http://www. ceh. com. cn/ceh/shpd/2010/8/3/66903. shtml.

3 别具一格的新加坡图书馆[EB/OL].[2013-05-26]. http://read. dangdang. com/content_898767.

韩国国立中央图书馆的免费婚礼厅

The National Library of Korea: Spaces Free for Wedding Use

在图书馆业界,国家图书馆一般以国家总书库、研究中心的形象出现,担负着图书馆事业的规划、发展及面向全国图书馆服务的职能,因此其服务更突出宏观的"专业领袖"的特征,而较少涉及围绕百姓生活的具体服务,但是韩国国立中央图书馆却有个特例,在专业把控全局的同时,也将服务触角拓展至市民生活,这是否是一个信号? 不论何种类型的图书馆,能为读者提供的,远不止是知识,它不仅是终生学习的场所,还是与大众生活密切相连的生活空间。

生活的方方面面,你还没想到的,或许图书馆已经为你想到了。

韩国国立中央图书馆是根据韩国《图书馆及读书振兴法》而设立的,馆长为一级公务员,拥有相当高的地位。韩国国立中央图书馆不仅在藏书和借阅图书规模上全国第一,而且还拥有制定图书馆事业发展的相关政策,以及全国各地图书馆的预算编制及执行权。因此,韩国国立中央图书馆馆长的权限,不仅局限于本图书馆的运营,还要统管与全国各图书馆相关的所有事宜。

自2003年起,韩国国立图书馆为向残疾人提供服务,在馆内设立残疾人援助中心,专门提供面对面朗读、租借资料的改进等多种服务,并为读书困难的残疾人设立辅助机构,给予资金支持。

韩国国立中央图书馆为广大市民提供的另一项特殊服务是婚礼服务。

举办一场婚礼,对很多人来说,虽是喜事,也是耗费大量金钱与心血的事。尤其是那些出身贫寒、收入不高的青年男女,总为如何操办自己的婚礼头疼不已,在韩国尤其如此。据统计,韩国年轻人结婚时,双方家庭所花的平均费用为2.08亿元韩币,其中租用婚礼厅的费用就高达数百万韩币,很多市民感叹"结不起婚"。

针对这种情况,在2012年4月韩国国立中央图书馆投资900余万元韩币,布置了一个婚礼厅,专门为那些想举行简朴婚礼的人们举办婚礼。

这项特殊服务，深受生性俭朴的男女青年的欢迎。

在图书馆婚礼厅，每场婚礼只收取6万韩币的场租费，同时图书馆会向新人赠送结婚礼物，所以基本上等同于免费。在这儿结婚，不仅能节省数百万韩币的婚礼厅租用费，环境也相对宽松，因为这儿一天只允许举行一次婚礼。加上该馆停车场车位充足，不远处又有酒店，是一个颇为理想的结婚场地，所以申请者日益增多。

结婚仪式

聘礼室及新娘等候室

虽然近乎免费，但图书馆对婚礼厅的布置也是颇花了一番心思。

跨进640平方米的婚礼厅，首先映入眼帘的是闪烁的霓虹灯，用鲜花装扮的讲台旁，放着一架大型钢琴，使整个大厅看来显得高贵、典雅而又温馨。250多张椅子被安置在大厅两旁，中间是缀满鲜花的新娘入场通道，整个场面显得既漂亮又大气。大厅内侧，备有聘礼室及新娘等候室，这些都是免费提供给新人结婚当天使用的。礼堂旁还设有可容纳300人的餐厅，新人可以根据自定的用餐标准支付相应的餐费安排婚宴。

一切能为市民提供的方便，图书馆都想到了。

如果新郎新娘是低收入阶层或残疾人，图书馆还会向前来道喜的客人赠送员工们自己精心制作的书皮；送给新人的，则是那些感人至深的书籍。比起其他的礼物，这些更有意义。

在图书馆举行婚礼是无限美好的，也是终生难忘的。即使以后遇到逆境，一想到当时结婚的情形，想到图书馆人的关爱与付出，也会勇气倍增，也会因此更加珍爱对方，更加珍视这个值得怀念的场所。

换句话说，在人们心中，图书馆是一个具有高文化品位的地方，人们愿意在这样的地方留下美好的记忆，特别是终身大事——结婚。图书馆不仅仅是学习知识的地方，它还日益走进社会、走进生活，成为人们工作、生活中的一个不可或缺的重要场所。

资料提供：成　妍

参考文献

1　예식장　대관[EB/OL].[2013-05-28].http://www.nl.go.kr/nl/c1/page5_4.jsp.

2　국립중앙도서관'무료예식장'환영[EB/OL].[2013-05-28].http://www.ablenews.co.kr/News/NewsContent.aspx?CategoryCode=0006&NewsCode=000620120323204232155384.

泰国知识公园
——第三文化空间的尝试与挑战

To be Built as a Third Cultural Space
—Thailand Knowledge Park's Attempts and Challenges

创新而非克隆:注重青年教育与社会交流

泰国政府在新加坡图书馆管理局的协助下,选择在其首都最好的商场Central World Plaza中建设最先进的图书馆TK Park。如果据此认为TK Park是简单的山寨或是克隆那显然有失公允。

如果说泰国国家图书馆是传承历史文化的代表,毫无疑问曼谷的TK Park图书馆则成为朝气蓬勃、与时俱进的象征。与新加坡唐城坊图书馆等商场图书馆不一样的是,TK Park作为Prototype Library(原型馆),是2004年泰国内阁通过的专门决议,有强大的示范指引作用。正因为如此,该馆被赋予了全新的图书馆理念:TK Park = 书籍 + 音乐 + 活动 + 多媒体 = 永无止境的想象力。

在TK Park实地观察和询问工作人员后,得出结论:置身于高级商场的图书馆主要服务人群是购物之余的白领、年轻家庭成员。所以尽管专门设置"安静区"(Quiet Room),但难以看到大龄、老龄的读者,而且馆内主要陈设以青少年热衷阅读的书籍,及乐器、电子设备为主。该图书馆以创新的方式使用最新科技,让年轻人充分憧憬自己令人兴奋的未来。

强调服务的新型图书馆

和传统图书馆一样,服务质量是图书馆的生存之道,TK Park无论是服务的环境还是手段,都会给人潜移默化的心灵触动。

从建筑风格和配套设施来看,TK Park非常注重阅读实际需求:个性化的儿童房(Kid's Room)、私密性的安静室(Quiet Room)不一而足。在儿童房设置的阅读池(Reading Pool)、蜂巢梯(Honeycomb Ladder)及树屋(Tree House),充分考虑到儿童活泼的阅读习惯。其中蜂巢梯最受孩子们的喜爱，勇敢的孩子们攀爬上蜂巢梯，惬意地享受独特的阅读环境中所带来的快乐。

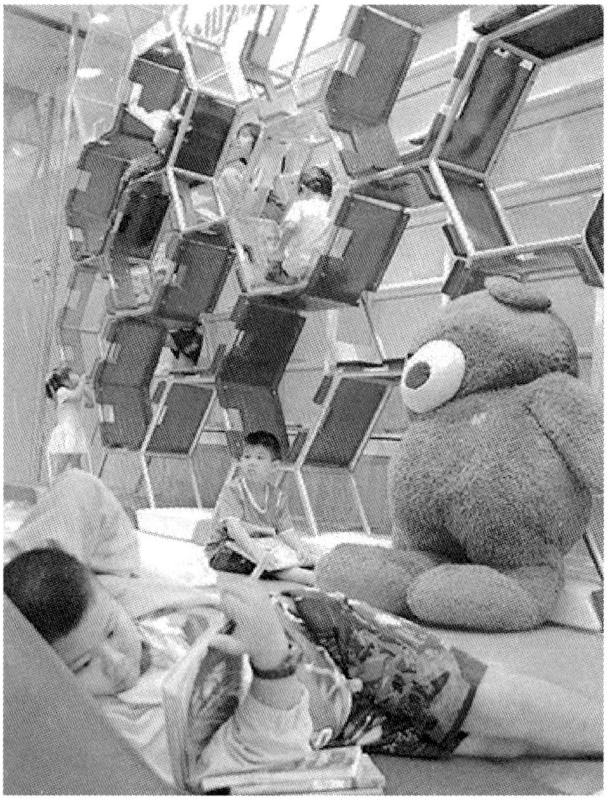

儿童区蜂巢梯

如果你置身于图书馆音乐区，就可以自由地弹吉他、敲马来鼓，也可以聆听当地木琴悠扬的旋律。在笔者参观的当天，恰好有一组工作人员和大学生志愿者为来访者做一场现场表演。伴随着袅袅升起的烟雾和传统舞蹈的节奏，观众们无不深深陶醉其中，丝毫不会感觉是置身于曼谷最繁华的市区。这类才艺演示在 TK Park 是一种常态。

TK Park 举办过很多重大活动项目，服务的人群也不仅局限于到馆读者。TK Park 提倡不同层面的阅读和学习，方法从多样化的互联网推广活动和创意教学两方面着手。为了让学习材料更有效分配到泰国全部小区公共学习场所，TK Park 已经引入使用不同教学工具、应用程序和其他信息技术。

服务过程中，TK Park 一方面服务于泰国社会，打造便于访问的公共信息中心;另一方面,TK Park 又作为一个 Living Library 平台让国民交流思想和经验,促使他们依照自己的喜好和能力来图书馆借鉴和树立人生目标。

资料提供:张安琪

参考文献

TK Park[EB/OL].[2013－08－28].http://www.tkpark.or.th/eng/intro/.

中国台湾公共资讯图书馆的“REAL”

“National Library of Public Information”: A Big “REAL”

台湾公共资讯图书馆原名台中图书馆,2013 年正式更名为台湾公共资讯图书馆。该馆兼具实体与虚拟服务功能,是一座虚实合一的公共数字图书馆。

随着社会经济和人们生活水平的不断提高,人们不再满足简单地借阅、咨询服务,他们更需要在公共文化空间中获得心灵上的满足,或静静地阅读,或邀几位挚友在图书馆里谈天说地,或悠闲地听着音乐畅想未来,或聆听名家讲座汲取养分……图书馆也要从原有的仅提供单一的借阅、咨询服务向提供多元化的实体与虚拟相结合的图书馆服务转变,向满足人们多元文化需求的第三文化空间转变。

台湾公共资讯图书馆正是这样一座转变中的图书馆。

“REAL Library”是台湾公共资讯图书馆的理念,“REAL”包含了四大愿景,即 Reading——崭新的阅读模式, Exploring——独特的探索途径, Recreation——多元的休闲机能, Learning——终身学习的舒适环境。

这四大愿景,使得图书馆成了一个民众可以自由地阅读、探索、休闲及终身学习的地方,不分年龄、族群的民众都能找到适合自己的服务及空间,其最终目标是希望图书馆能成为民众在工作、家庭以外最重要的“第三文化空间”。

儿童学习区

崭新的阅读模式（Reading）

在这个愿景之下，图书馆为读者提供了这些便利条件：提供LUCKY BOOKS，打造个性化书房；便利信息站，方便实时搜索各项信息；地理信息系统引导读者寻找图书架位；AR图卡扩增实境体验3D阅读；交互式故事屋让小朋友置身绘本世界。

你喜欢读什么书？你自己都不太确定？没关系！LUCKY BOOKS是一个互动体验装置，当你进入这个区域，计算机能通过含有RFID芯片的智能卡，读取你的基本信息和借阅历史等，以推荐你喜欢的书籍。于是，你就可以拥有专属于你的“个性化书房”。

孩子们天生喜欢阅读童话，渴望成为童话中的公主和王子，图书馆可以帮你实现。在“Reading”模块中，AR图卡扩增实境体验3D阅读和交互式故事屋专门针对青少年读者群体。这种利用多媒体和计算机技术的全新阅读体验方式，不仅让孩子们有身临其境的感受，而且能让他们成为童话故事的主角，主导故事的发展。这种互动性极强的阅读体验能极大地激发青少年的阅读兴趣、想象力和创造力，在貌似游戏的体验过程中享受阅读的魅力。

独特的探索途径（Exploring）

需要关注的当然不止是孩子，台湾公共资讯图书馆为不同人群打造各自的专属空间，例如视听障碍者、老人、青少年、新住民等。该馆很重视老年人、视听障碍者和新住民群体，相对于一般人而言，他们更需要图书馆的关心与帮助。在“Exploring”模块中，针对老年人，设立了乐龄学习资源区、各种课程和乐龄俱乐部等，以丰富老年人的文化生活；也有专门的视听障碍咨询中心为视听障碍者提供专属空间，为他们提供个性化的服务。台湾地区的外来人口也很多，从美、英、法及东南亚来的外来人群被称为“新住民”，为了让这些“新住民”尽快了解台湾地区文化，该馆还特别设立了多元化服务区、多元学习教室、“世界之窗”等特色区域，这些区域中有不同国家和地区的原版图书供新住民借阅，还开设专门的课程对“新住民”进行计算机、语言等方面的培训……既来之则安之，图书馆显然为“新住民”探索并融入台湾地区做好了最充分的准备。

多元的休闲机能(Recreation)

图书馆打造实体空间与虚拟环境的结合,应注意各种使用对象的需求,适当地加入创意与文化的元素,以达到兼具学习与休憩的功能。除了阅读,台湾公共资讯图书馆里还充满各种可能——数字展览、网络休闲、视听影音、多媒体创作、电子阅报、数字游戏、益智桌游等,是一个多元化的文化休闲场所。而且,各种先进的数字设备、多媒体设备,甚至摄影器材等都能为社会大众所使用。在这里,你可以尽情享受先进的数字、多媒体科技成果,甚至可以享受到在影院才能享受的视觉听觉大餐。

值得一提的是员工在为读者提供休闲娱乐的同时不忘宣传图书馆,宣传台湾文化,促进人们对图书馆的使用、对台湾文化的了解。

舒适的终身学习环境(Learning)

囊萤映雪、刺骨悬梁毕竟是历史上的事儿,现在,读书的观念与方式方法正发生着翻天覆地的改变,台湾公共资讯图书馆也努力把"苦读书"变为"乐读书",追求"崭新的阅读模式"是如此,打造"舒适的终身学习环境"更是如此。

台湾公共资讯图书馆结合台湾动态表层及底层肌理,大面积开窗向自然借景,增加与周边环境的互动,不同区域提供不同机能的家具,以适应读者的不同需求。窗外是山,是树;窗内是书,是画——在这样的环境中,人们怎能不油然而生阅读的欲望,好好修养自己的身心呢?

设计贴心,服务贴心。台湾公共资讯图书馆这四大愿景解决了人们不同需求之间的矛盾或冲突,体现了图书馆的包容与多元,也使图书馆真正成为单位、家庭以外的第三文化空间。

资料提供:胡 芳

参考文献

台湾公共资讯图书馆[EB/OL].[2013-05-15]. http://www.nlpi.edu.tw.

亚洲绿色图书馆

Asian: Where Exits a Library Being Green

公共图书馆给予人们阅读、学习的空间，是让人暂时脱离自己熟悉的环境，在人群中享受一方小小天地的地方，是让人忘记烦恼、摆脱孤独与忧愁的地方，也是引导人们找到适合的交谈对象、发现志同道合小群落的地方。而营造这样的氛围不仅有赖于优良的馆藏和服务，也需要建筑和环境的全力配合。

有位学者说：图书馆的建筑外观通常是读者决定是否进馆的关键，而图书馆的内部环境又是读者决定去留的关键。是的，一座好的图书馆会从里到外散发独特魅力，就像某些花朵以特殊的色彩、构造和芬芳引来蜜蜂，在亚洲，一些用心设计的“绿色图书馆”也是如此吸引读者上门。无论是生态建筑还是仿生建筑，人们在这样的“绿色图书馆”里总能找到舒适的角落，充分享受阅读的乐趣。在不知不觉中，他们不仅会爱上阅读，还翻看了一本重要的书——人与自然之书。

中国台北市图书馆北投分馆

台北市图书馆北投分馆就是一座钻石级的生态建筑：“花费最少的资源建造，产生最少的废弃物。”也就是说，整个建筑绿色环保，彰显“生态、节能、减废、健康”的特点。

北投分馆坐落于林木茂密、生态环境优良的北投公园内。为融入周围环境，图书馆不但充分保留北投公园原来的生态面貌，还在屋顶设计了缓坡大草坪，为外墙披上植被网，一直延伸至建筑周边，与公园的植被连接成一个生态绿网系统。

通过这样的绿色设计，图书馆避免了突兀地闯入人们视线，而是悄然隐身于溪林之间，等待人们来探寻和发现。

这座看似貌不惊人的建筑，其实包含了很多令人惊讶的“高科技”。

倾斜设计的屋顶有个大草坪，在增加绿化的同时，还有一个非常重要的功能就是收集雨水。再加上部分墙面和周围的石板路面都采用可透水材料，屋顶、墙面、地面一起收集雨水流向回收槽，经过简易的过滤和沉淀，这些雨水就成了宝贝,可用于冲厕。目前整座图书馆的冲厕用水全部来自雨水收集,而屋顶的太阳能装置除供应馆内部分电力外(约10%的用电替代率),同时也与屋顶的覆土植被担负着隔热的重要任务。

图书馆还大量采用开窗设计,以实木门窗搭配大面积玻璃,引入自然光线,减少人工光源的使用。因过高的书架会影响采光,连书架高度也进行了一定地限制。大量开窗设计的另一个好处是能形成空气对流,最大限度地利用新鲜、自然的空气调节室内温度,保持清新的空气环境。

环绕门窗外围的阳台阅读区建有遮阳的走廊和水平木栅格,不仅为读者开辟了一个独特的阅读环境,更能有效地降低热辐射。

图书馆的很多室内和景观设计都充满田园气息。比如椅背上有昆虫镂空图案的木质阅览椅,馆外木质的小憩凉亭,周边小径上供读者休息的圆石凳,都与周边的自然景观相映成趣。

绿色建筑不仅关注建成后的使用,更关注整个建造施工过程。

北投分馆在开土动工时就体现了环保。工程中只拆除了很少的土方,而这些土方最后都回填至地下一层并进行了绿化。整个图书馆建材采用轻质钢结构和木结构,这就大大降低了建材使用量,也间接减少了建材生产中的耗能与二氧化碳排放。

台北市图书馆北投分馆一角

建筑使用的木材来自高纬度地区的永续造林，尽量避免使用热带雨林区木材。所有人体可接触到的木材只在表面涂上天然的护木油，不作防腐处理。建筑使用生态涂料，室内砖由工业废料回收压制而成，所有不必要的装修都尽量免去，让自然光扮演空间的化妆师。

日本新潟县立图书馆

这座像是从公园绿地中生长出来的图书馆，不仅蕴藏人文艺术气息，还处处“绿”意盎然，又怎会不吸引读者？创立于 1915 年的日本新潟县立图书馆，同样建在当地“鸟屋野潟公园”的一角。图书馆毗邻新潟县立自然科学馆，周围花草丛生，自然环境优美，是公园内一个极佳的观景点。

为了贴近自然，不辜负美景，图书馆别出心裁地设计了一个“绿洲角”。这里有一整面环形落地玻璃窗，把户外风景定格成一幅巨大的画卷，随着季节的变换，读者能将鸟屋野潟公园的四时风景尽收眼底。

设立“绿洲角”的用意，是让读者在用功的间隙在此稍作休息，或是随意看些轻松的书本换换脑子。清新淡雅的色调，宽大舒适的沙发，面对窗外的风景，人们应该更能沉静下来，悠闲享受读书的乐趣，为自己的心灵找到一片绿洲。

为了不影响其他读者，“绿洲角”不允许饮食、吸烟、谈话、睡觉等行为。因此，这里只有阅读和沉思之美。人们翻阅着手中的书，也在欣赏眼前的自然之书，这个区域始终萦绕着一种静谧如同天籁的气息。

新潟县立图书馆“绿洲角”

对自然心怀善意的图书馆，必然在读者服务方面有更贴心周到地考虑。新潟县立图书馆特别照顾到哺乳期的妈妈们，馆内设置了哺乳室，妈妈不仅可以在这里给孩子哺乳，也可以方便地使用婴儿床、冷水机和洗脸台照料宝宝。

这座图书馆的绿色趣味，还少不了四周丛林中栖息着的夜行动物——猫头鹰。它们白天停留在树上，也不怕被人打量。运气好的话，在看书的间隙一抬头，你就能跟树上的一只猫头鹰打个照面。

新加坡碧山图书馆

坐落于新加坡碧山中心区域的碧山图书馆（也有称璧山公共图书馆），是一座色彩绚丽的书籍储藏盒。多个蓝、绿、黄色的玻璃“盒子”从平整的立面中错落有致地悬挑而出，活力十足的外观让每个路过的人都印象深刻。

如何吸引社区中更多的人来到图书馆？如何为人们提供舒适方便的阅读环境，让大家爱上读书，喜欢上图书馆？碧山图书馆的设计者早有考虑。从设计之初，这个建筑承担的角色就是塑造一个特别的空间，为读者提供良好的阅读环境，让置身其中的人们有安全感、惬意感和归属感，并带动更多人热爱阅读。

碧山图书馆是一个仿生建筑，整个外观像一座树屋，其设计灵感来自对大自然的体验。被称为“PODS”的“盒子”概念，源于“在树上的房子居住”这一想法——一个个“吊舱”结构从立面悬挑而出，像树叶遮蔽之中的小屋，能为读者或是讨论小组提供更为私密的区域。

图书馆的内部和外部均运用天窗、格架和彩色玻璃，光与色相伴而生，共同营造出舒适惬意的氛围。玻璃“盒子”的色彩构想也完全源于自然：树叶的绿色，配以和谐的蓝色和黄色，外观绚丽，令人过目难忘，同时在室内制造出光影斑驳的效果。设计者认为，这是模拟自然环境下光线透过枝叶落下来的视觉感受，这样的光照更为舒适，有利于阅读和学习。

在树上的房子里居住，在斑驳的阳光下阅读，没有谁会不喜欢这样美妙的自然体验。

呆在视线绝佳的趣味“盒子”里，就像坐在大树浓密的枝丫间，人们忘了生活的繁琐，完全放松心情，沉浸于阅读和学习之中。待到夜幕降临，通透的玻璃墙映照出读者勤奋的身影，这种精神感染，正是绿色图书馆向路人撒播的种子：阅读的乐趣和自然的魅力。

碧山图书馆在空间设计上别出心裁，外墙使用玻璃墙呈现出浓郁的现代感，也增加视觉上的宽广感受；并运用色彩营造活泼的氛围，让读者一进门就被一种特殊的情调吸引，参观图书馆几乎就是享受一次美的盛宴。

碧山图书馆外观

资料提供：胡　芳　韩　菁　冯亚慧　何　妨

参考文献

1　台湾绿建筑发展协会[EB/OL].[2013－05－15].http://www.taiwangbc.org.tw.

2 台北市立图书馆北投分馆[EB/OL].[2013 - 05 - 15]. http://www.flickr.com/photos/delta_foundation/1866523456.

3 新潟县立图书馆[EB/OL].[2013 - 05 - 15]. http://www.pref-lib.niigata.niigata.jp/building/.

4 魔力彩盒:新加坡超时空图书馆[EB/OL].[2013 - 06 - 15]. http://sheji.pchouse.com.cn/zuopinku/1006/16895.html.

5 新加坡:碧山公共图书馆[EB/OL].[2013 - 06 - 15]. http://www.whtv.com.cn/whtv2011_wlds_zt/12zt/dspd/sc/201203/t20120323_245462.shtml.

6 图书馆案例分析[EB/OL].[2013 - 06 - 15]. http://www.docin.com/p-403499061.html.

7 魔力彩盒——新加坡碧山社区图书馆[EB/OL].[2013 - 06 - 15]. http://www.stonexp.com/show-16609.html.

俄罗斯涅克拉索夫图书馆的“多民族的莫斯科”

Moscow Central Universal Scientific Library Named after N.A. Nekrasov:“Many Ethnic Groups in Moscow” Program

莫斯科涅克拉索夫图书馆于 1919 年由私人出资成立,第一任馆长就是前苏联图书馆领袖、百科全书式人物巴克洛夫斯基。

1946 年根据政府决议,在伟大的民主主义诗人 N. A. 涅克拉索夫诞辰 125 周年时成立市立涅克拉索夫中心公共图书馆,后更名为莫斯科涅克拉索夫中央百科图书馆。

如今的涅克拉索夫图书馆是多领域的文化传播和科研信息机构,是多主题的信息咨询及与读者进行心灵沟通的组织,是国家大众图书馆事业研究中心。

该馆的“多民族的莫斯科”活动起源于 1997 年,是以包容、尊重各民族文化、语言、传统和习俗为前提,以发展和加强种族间和区域间关系,并促使各种族在大都市中求同存异、和谐发展为目标而设计的文化教育活动,它包含各种科学实践会议、圆桌会、音乐晚会、书籍推介会及艺术展等活动。

“莫斯科方舟”圆桌会

“莫斯科方舟”是一种辩论(讨论)圆桌会活动,每月进行一次。该活动目的在于调动巨大的社会人文潜力,发展文化间的对话,创建彼此信任、容忍、尊重、人道的人际及民族间关系,寻求促使社会各个阶层联合起来的共同途径和标准。

参加该圆桌会的组织很多,莫斯科涅克拉索夫图书馆是重要成员之一。

到目前为止,该圆桌会已经顺利开展了多次颇有影响的活动:

(1)2008 年 12 月 15 日,配合家长阅读系列活动——“鸟巢决定鸟的飞行”，举办了“家庭教育——几辈人道德教育的基础”圆桌会。讨论的问题有：家庭价值观和精神层面，家庭与民族传统的关系，在家庭中建立国际教育意识，家庭文化的基础等。

“莫斯科方舟”圆桌会

(2)2009 年 3 月 23 日讨论的话题是“几代人间的联系”，讨论如下主题并针对性地提出了建议：老一辈人是家庭价值观及传统的保护人，家庭文化和家族模式，祖父母是孙子的避难所，如何传承智慧，家庭祷告、故事、寓言、神话……

(3)2012 年 1 月 30 日，举办“莫斯科多民族关系的完善及发展前景”讨论会，“统一俄罗斯”莫斯科州民族关系分会代表，俄罗斯民族组织代表，哥萨克、学生团体、社会维权组织代表等出席本次会议。讨论议题是普京的一篇文章——《俄罗斯：民族问题》。

……

“莫斯科方舟”圆桌会自 2008 年开办以来，影响深广，在调动社会人文潜力，发展文化间的对话，创建宽容和谐的民族关系等方面，做出了不可忽视的贡献。

图书馆的“民族文化日”

考虑到莫斯科人民拥有的巨大创作潜力，以及莫斯科在国际社会中科学而富有创造力地解决民族关系的诸多问题所扮演的重要角色，涅克拉索夫图书馆同社会各类机构共同努力开展各种文化教育活动——“民族文化日”，它是“多民族莫斯科”系列活动的组成部分。主要的活动有“楚瓦什写作日”“让我们交往吧”“诗一样的对话：伊朗和俄罗斯”“诗：双管齐下的使命·俄罗斯——亚美尼亚”“卡尔巴兹的罗斯·古罗斯文化及传统”“波兰文化的伟大名字”等，形式多样、内容丰富。众多机构与众多民族的合作参与，对传承民族文化传统，加深民族之间友谊，促进互信、互敬和人道主义的社会氛围都具有深远的意义。

“我们莫斯科的多民族大家庭”活动

2008年是“俄罗斯家庭年”，涅克拉索夫图书馆在这一年开展“我们莫斯科的多民族大家庭”系列活动，定期举办宣传礼仪和家庭传统的民族文化晚会。

历史舞会

生活在莫斯科的各个民族的代表是图书馆的嘉宾。在这些晚会上，嘉宾们把民族婚礼仪式、服饰、歌舞以及代代相传的俄罗斯各民族传统展现给大家。

组建家庭是一个人生命中最重要的时刻之一，这决定着他未来的人生道路。婚礼是每个人生命中的重要事件。虽然传统婚礼仪式现在只出现在剧情中，但婚礼的传统却是民族文化不可分割的一部分。涅克拉索夫图书馆曾为公众展示了俄罗斯族、阿富汗族、塔吉克族、列兹金族、卡拉恰耶夫族、朝鲜族、吉尔吉斯族、厄尔兹亚族和楚瓦什族的婚礼。这些活动因富有民族特色和文化气息而深受读者喜爱。

涅克拉索夫图书馆的"多民族的莫斯科"活动，以其对各民族文化、语言、传统和习俗的包容、尊重，大大发展和加强了种族间和区域间的和谐关系。现在，涅克拉索夫图书馆正向现代科学、文化、教育殿堂转变，成为莫斯科人热爱的文化空间。

资料提供：马臻加

参考文献

ЦУНБ им. Н А Некрасова[EB/OL]. [2013－06－15]. http://nekrasovka.ru/.

感谢萨姆松诺娃・拉伊萨（Раиса Самсонова）（莫斯科涅克拉索夫图书馆国际及区域民族文化联络事务副馆长）和丹妮列夫斯卡娅・叶列娜（Елена Данилевская）（莫斯科涅克拉索夫图书馆国际及区域民族文化联络部高级馆员）女士提供案例原始素材。

丹麦皇家图书馆:“黑钻石”

The Royal Library of Denmark: “The Black Diamond”

丹麦皇家图书馆由弗里德里克三世奠基于1648年,1673年在克里斯蒂安堡开馆。1989年与哥本哈根大学图书馆合并,成为北欧最大的图书馆。它有3处馆舍,1999年9月落成的总部因其外形酷似钻石而被称为“黑钻石”。

丹麦黑钻石图书馆新楼

丹麦皇家图书馆隶属于文化部,作为国家的一个文化机构,十分注重弘扬本国文化。它利用自身独有的资源,开展内容丰富、多元化的文化活动,同时也将其命名为“黑钻石”。整个项目包含讲座、展览、演出、博物馆、旅游、餐饮等多元内容,并成立了“钻石俱乐部”对以上内容进行组织协调。在这儿,人们可以通过“图书馆之旅”了解皇家图书馆的建筑、历史和文化生活;可以在“钻石信息中心”,咨询图书馆的所有文化活动,并获取相关资料,以及令人兴奋的文化体验信息;在“钻石俱乐部”,你还可以参加各种讲座、国际作家舞台、辩论会、音乐会等，在这些活动中，你往往有机会一睹你仰慕已久的当代文化名人的风采……其中，给人印象最深的是"钻石合奏组""国家照片博物馆"及"全球作家在钻石的舞台"。

"钻石合奏组"，皇家图书馆的一张名片

丹麦皇家图书馆拥有一支常驻乐队——"钻石合奏组"，共10名成员。这在世界上也许是独一无二的。一般图书馆只是偶尔举办音乐会，但丹麦皇家图书馆却能为读者提供经常性的音乐欣赏。"钻石合奏组"自2004年以来由西门子公司赞助，丹麦广播公司为其媒体合作伙伴，每年在图书馆的皇后大厅举办8场音乐会，丹麦广播公司将其中的几场音乐会通过欧洲电台向全欧洲广播。乐队至今已发行了三张专辑。乐队还代表图书馆应邀去国外演出，受到各方好评。

可以说，"钻石合奏组"是丹麦皇家图书馆的一张名片，乐队使图书馆的艺术气息更为浓郁，也吸引了更多读者来到图书馆。随着乐队在欧洲的家喻户晓，丹麦皇家图书馆也变得家喻户晓；"钻石合奏组"的旋律飘在世界的哪个角落，丹麦皇家图书馆的艺术气息也随之飘到了那里。

丹麦皇家图书馆"钻石合奏组"

国家照片博物馆，一个难得的研究场所

国家照片博物馆成立于1996年，1999年皇家图书馆建成后搬入了现在的展览室。该馆藏有5万多幅作品，包括丹麦照片、国外照片和几种特殊馆藏，大部分为斯堪的纳维亚银版照片。国家照片博物馆不仅陈设图片，开设各种主题的照片展，还是一个优秀的研究场所。读者在这可以直接获取照片的参考文献，以及其中所包含的文档资料和报纸信息。

“钻石合奏组”通过电台、专辑、电波，让世界知道丹麦皇家图书馆，感受该馆浓厚的艺术气息；国家照片博物馆则通过图片，保存历史，珍藏记忆，给读者提供直观而宝贵的研究资料。到丹麦皇家图书馆的读者，往往也会到国家照片博物馆，看看那些珍贵的照片。

“全球作家在钻石的舞台”

丹麦人读很多书，但很少读翻译著作，丹麦媒体和文化机构对国际文学的关注并不多。文学是了解来自不同文化的人如何生活在一起的最好方式。丹麦皇家图书馆特地开办主题讲座“全球作家在钻石的舞台”，希望通过这个作家舞台，营造国际化的氛围，让丹麦人通过对话、辩论，关心丹麦以外的世界。

自2008以来，这个舞台共举办了48场讲座。每次活动都会邀请一名丹麦作家与外国客人进行对话与辩论。这儿，曾迎来包括联合国前秘书长安南在内的54位来自世界各地的作家与名人，介绍他们出版的新作，并以此为基础将话题延伸至世界范围的政治、经济、种族等范畴。

一系列的服务表明丹麦皇家图书馆正在突破传统的文献服务范畴，创新服务方式，丰富服务内容，拓展服务空间。常驻馆内的专业演奏乐队——“钻石合奏组”，通过形式多样、内涵丰富的专业表演，为读者带来了非同一般的音乐享受，提升了读者的艺术鉴赏水平；国家照片博物馆提供的特殊馆藏不仅给专业研究人员及兴趣爱好者提供了珍贵的研究资料，也向普通读者展示了一段段珍贵的历史和记忆；“全球作家在钻石的舞台”更是通过全球作家和名人之间思想火花的碰撞，引导读者将目光投向全球文化，进而引发丹麦人对全球文化的关注及研究。整个“黑钻石”活动通过这

些多样而新颖的方式,为读者提供了享受艺术、交流思想、获取智慧的平台,极大丰富了读者的文化生活内容,提升了读者的文化生活品质。

资料提供:陈 琦

参考文献

The Royal Library[EB/OL].[2013-05-18]. http://www.kb.dk/en/dia.

丹麦奥胡斯中心图书馆的青年项目

The Youth Program of Aarhus Main Library in Denmark

奥胡斯中心图书馆始建于1934年。2014年年底,新的奥胡斯中心图书馆将在奥胡斯海滨建成。该馆一直以"用户参与创造"的模式提供新颖的服务而著称。秉承其创新的优良传统,也为了给寻求知识、灵感和个人成长的市民提供一个灵活、动态的开放空间,该馆努力把自己打造成为面向不同年龄和背景的市民的现代化学习、文化中心。

在面向社会不同人群的服务中,图书馆发现这儿的常客大多都是老人与小孩。也许当今的社会太精彩,电视、电影、互联网、KTV……在这个世界上,吸引年轻人的场所太多了。年轻人本来处于求真求知的最佳时段,而图书馆几乎凝聚着人类文化的精华,正是他们修养身心的好去处,也是促使他们成为一个真正文化人的知识殿堂。如何吸引年轻人到图书馆来参加各种活动,同时激发他们参与活动组织与管理的兴趣,成为图书馆一分子,这是奥胡斯中心图书馆员工考虑得最多的一个问题。

把"图书馆需要年轻人的参与"转变为"年轻人需要图书馆"

为吸引年轻人,奥胡斯中心图书馆创造了一个独特的"青年项目",把"图书馆需要年轻人的参与"转变为"年轻人需要图书馆"。

"青年项目"涉及音乐、体育、艺术、文学、历史等多个领域,并尝试与不同组织开展合作,通过各种活动加强年轻人之间的沟通,提高年轻人的组织能力、决策能力和领导能力,取得了很好的效果。奥胡斯中心图书馆以此与当地的音乐组织共同举办了一年一度的"嘻哈"音乐节(ATI)和SPOT音乐节。

在为期三天的ATI音乐节期间,"嘻哈"艺术家们就"嘻哈"艺术进行辩论,促进丹麦"嘻哈"艺术的交流。与图书馆合作后,每个人都可以在图书馆免费听取有关"嘻哈"历史的报告,参与讨论、参加音乐会、观看霹雳舞秀……这吸引了大量年轻人的到来。通过音乐节,他们对图书馆有了新的认识和了解,大大提高他们参与图书馆活动的积极性。

SPOT也是一年一度的音乐节，旨在为丹麦音乐和北欧音乐创造一个交流平台，并支持那些新兴的、具有潜质的乐队和艺术家。这个平台为青年读者提供了一个不错的用武之地。SPOT与图书馆的Mindspot项目组（思维、观点碰撞之意）合作，在每年的音乐节前，Mindspot项目组会举办一场当地新乐队的音乐会。在音乐会期间，移动图书车也会组织各种活动，如成立"青年记者在现场"组织。这些青年记者以移动图书车为工作场所，撰写现场报道。Mindspot项目组通过SPOT音乐节活跃了年轻人，给了他们展示技能和兴趣的机会，使他们成为图书馆的忠实拍档和亲密伙伴。

奥胡斯中心图书馆Mindspot项目组的移动图书车

让年轻人成为图书馆的合作者和共同创造者

在ATI音乐节，图书馆的Mindspot项目组从"嘻哈"音乐中抽取了有质量的、独特的、自由的热点事件提供给读者，读者被邀请与"嘻哈"音乐家面对面进行体验、学习和交流。而站在ATI的角度，音乐节获得了一个重要平台，他们不需要做太多工作就有更多的展示机会，因为图书馆承担了大量的组织策划、场地提供和公关工作。

在与SPOT的合作中，Mindspot项目得到了一个在奥胡斯大张旗鼓展示自己的机会，并将活动范围延伸到了图书馆外。更重要的是，Mindspot

项目组借此达到了该项目原定的目标:活跃年轻人,给他们创造机会展示他们的技能与兴趣,使他们成为图书馆的合作者和共同创造者。

资料提供:陈 琦

参考文献

1 Denmark mindspot partners up[EB/OL].[2013-05-18]. http://slq.nu/? article = denmark-mindspot-partners-up.

2 Library Spotlight: Aarhus Public Library[EB/OL].[2013-05-18]. http://www.youthservicescorner.com/2009/library-spotlight-aarhus-public-library/.

英国真人图书馆

The Living Library in the UK

每个人的经历本身就是一本书。把不同经历的人邀请到一起以一种面对面沟通的形式来完成“阅读”，这就是真人图书馆。真人图书馆最初开始于 2000 年的丹麦艺术节，迅速流行于斯堪的那维亚半岛。

对图书馆而言，这是一种前所未有的服务内容与服务方式。“借阅”的手续与平时借书一样简单，但这次借到的是一个活生生的人，有着比一般人更复杂的经历和更丰富的社会经验的人，读者可以与之分享人生经验，讨论社会舆论问题，从中得到自己感兴趣的知识与信息，而这些知识与信息，往往都无法从纸质书本上得到。

最初的真人图书以专家、艺术家、医生和教授等职业居多。为了倡导更多读者抛开偏见，更好地进行心灵交流，英国真人图书馆倡导者和协调人 Anne Kilroy 与她的同事们在 2008 年 4 月策划和举办了英国最大规模的真人图书馆，由此真人图书馆真正在英国开始发展。这一次，他们把重心放在社会特殊群体，如同性恋者、男保姆、流浪汉等。

活动场面可谓火爆，不到 10 分钟整个图书馆就被好奇的人群包围。为了能有机会和自己感兴趣的真人图书进行深层次地交流，好多读者一等就是 2 个小时，甚至有读者在一天内就同一本真人图书连续“借阅”了 3 次。

现在，英国真人图书馆每月开展一次。真人图书的来源有两种方式：一是图书管理员根据读者喜好和反馈表进行邀请，二是志愿者报名。活动当天，所有真人图书志愿者都会提前集合，与活动协调人召开一个简短的会议，以确保图书馆的大门打开时真人图书就已经做好迎接和等待读者到来的准备。

英国真人图书馆发展至今，在图书清单上可调用的图书种类非常多，数量也逐年递增，区域也从中心伦敦发展到周边城市，例如苏格兰、布拉德福特（英格兰北部）、曼彻斯特和伯明翰等。现在，这项全新的服务内容及方式已渐渐被世界各地图书馆所接受，美国、加拿大、巴西、墨西哥、泰国等国都有真人图书馆。中国是在2009年3月18日，由上海交通大学首次尝试。

“借阅”真人图书

图书馆是一个文化交流中心，是社会的缩影，各种社会层面的东西都可以在图书馆得以呈现。真人图书馆的服务就很集中地体现了这一点。

英国的第一本被借阅的真人图书，是变性人Kerry。读者最困惑的就是“你为什么要变性?”“变性后对生活有什么影响?”等。Kerry很喜欢这样的交流，能认识很多朋友，也能消除人们对这一类群体的误解，更重要的是得到了更多的包容。另外两本非常流行的真人图书是Michael和Victoria，他们都来自于慈善协会，都曾被毁容，又经历过面容重塑。“这些经历对你的人生有何影响?”很多读者都这样问。每次活动他们都要向读者讲述自己那不一般的生活，以及他们在生活、学习中所遇到的歧视和偏见。在真人图书馆，读者能有效消除陌生感与距离感，切实感受社会生活的方方面面。

为了获得更多读者的关注，英国真人图书馆开创了采访环节——让真人图书通过电视台讲述自己的故事和生活，面部重塑者Michael就是其中一员。韩国电视台将他的讲述翻译成韩语，在韩国电视台转播。因为想要更进一步地了解人与人的差异，解决观念和想法上的冲突，最好的方法就是披露。

真人图书馆最大优势在于它提供的真人图书有着丰富的生活经验，这种服务通常在其他地方无法得到。实践表明，真人图书馆这种全新的服务模式，深受读者欢迎。它拓宽了书籍的概念，增添了读者获取知识的渠道，打破了呆板的、一成不变的阅读方式，用一种积极的方式来消除人们的偏见和歧视，促进了人与人之间的宽容和理解。同时，由于真人图书往往来自社会的边缘，所以读者往往有强烈的好奇心及"阅读"愿望，使得他们能在很短的时间内，很便捷地了解社会的方方面面，使得图书馆真正成了社会的一个缩影。

资料提供：方竹君

参考文献

1 Human library[EB/OL]. [2013-05-18]. http://humanlibrary.org/report-from-the-first-living-library-in-the-uk.html.

2 Paddington Library[EB/OL]. [2013-05-18]. http://www.westminster.gov.uk/services/libraries/findalibrary/paddington.

英国皇家金斯顿泰晤士河区图书馆的“家庭作业俱乐部”

Central Library, Kingston upon Thames: Homework Club

在任何社会、任何国家，教育的发展都是头等大事。教育不仅仅局限于学校，离开学校也不意味着学习的终结。泰晤士河区图书馆以“家庭作业俱乐部”帮助学生完成“学校之外的学习”，成为学生课余快乐学习、娱乐、交友的成长空间。

“家庭作业俱乐部”就是图书馆专门辅导学生学习、完成课外作业的地方。英国的很多图书馆，尤其是社区图书馆都为学生开设了“家庭作业俱乐部”，图书馆员会帮助学生查找作业中涉及的学术资料，而学生们也可以在俱乐部里试用所有的设备。皇家金斯顿泰晤士河区图书馆的“家庭作业俱乐部”就是一个成功的案例。

这个俱乐部面向 8—18 岁的孩子开放，周一至周五每天下午 15:30—17:00，周六上午 10:00—12:00，由志愿者和图书馆员辅导孩子学习、完成课后作业。一个志愿者或图书馆员辅导一组孩子，每组 5—6 人。为了培养孩子们互相帮助的团队精神，划分小组并不根据他们的年龄来，因为差异本身就是一种资源，“组内异质”能为小组成员之间的帮助提供较大的可能。

皇家金斯顿泰晤士河区图书馆特别为“家庭作业俱乐部”的孩子提供了“在线参考查询”，这是该馆独有的学习系统，包含各式学校课本、牛津艺术以及百科全书；还包含了 100 种不同类型的字典、所有年级的教材用书以及新书，孩子们还可以使用图书馆的其他检索工具。此外，俱乐部还为学生提供电脑、适合孩子欣赏的 CD 及电脑教程。图书馆员和志愿者会热情帮助孩子们查找资料，指导他们如何完成作业及学习，但学生必须自己完成作业，馆员和志愿者只能是指导和帮助。

加入“家庭作业俱乐部”的手续很简单，只要到所在的社区图书馆填一份申请表格即可（必须由学生的父母或其他监护人填写才有效，同时要提供学生的在校证明)。所有活动不收取任何费用。

"家庭作业俱乐部"给孩子们一个走到一起的地方,这地方能使他们专注于课业,并得到热心地帮助,也有助于培养他们团结互助的精神。这对平时学习有点困难,或是容易分心的孩子来说,无疑是个理想的学习环境。

图书馆志愿者辅导孩子做作业

资料提供:方竹君

参考文献

Help with homework [EB/OL]. [2013 - 05 - 18]. http://www.birmingham.gov.uk/cs/Satellite? c = Page&childpagename = Lib-Children-and-Young-People% 2FPageLayout&cid = 1223092575858&pagename = BCC% 2FCommon% 2FWrapper% 2FWrapper.

法国里昂市市立图书馆的少儿文化娱乐活动

Lyon Public Library: Cultural Activities for Children

里昂市市立图书馆由一个中心馆、14个分馆、3个汽车图书馆组成。这里有着十分独特的地域性和国际性馆藏的特色，是目前法国乃至欧洲中文馆藏最多的图书馆。中心馆巴尔帝约图书馆是法国最大的市立图书馆，位于里昂的市中心，供应服务网的总书库和汽车馆的书库都设于中心馆，这个有着相当完善基础设施的服务网络仍然在不断地更新、扩大。

里昂市市立图书馆非常重视少年儿童的文化教育与熏陶，这里有面向儿童的丰富的"少儿文化娱乐"。他们着意让儿童感受创造的快乐，引导儿童去发现艺术，去接触一些充满创造性的行业，如服装设计等，为此，他们创办了一系列相关的展览、演出等活动。

富有童趣的展览

展览的内容丰富多彩，且颇富童趣，往往能一下子吸引小朋友的眼球。如漫画展，可拆卸书籍、有声书籍展，"新城市建筑"展……在这些展览中，孩子们可以进入漫画家 Clotilde Perrin 打造的世界，跨越时空，与有趣的动物和吸引人的角色相遇；也可以沉醉在 Frédérick Mansot 的作品中——这位艺术家创作了很多儿童绘本读物，他喜欢将图案印在织物上，用他的画笔、水粉颜料和黑墨水线条玩捉迷藏；还可以欣赏一场用纸张糊成的大型雕像展览，在这里，孩子们会遇到栩栩如生的水手、活灵活现的鹦鹉和其他惊喜；甚至可以观赏到节能环保的"新城市建筑"，亲自"变废为宝"，成为"新城市建筑师"——想想吧，这儿所用的材料都是"废物"，如纸板、稻草、树枝、树叶、纸、麦片盒、旧衣服、旧鞋、牛奶瓶、破椅子、破娃娃、满是灰尘的书……

图书馆通过这些展览，培养孩子们对艺术的敏感，充分满足他们的好奇心，还能引发他们更深地思考，激发他们亲自动手发明创造的欲望。

创造性绘画

"创造你的彩虹"是孩子们喜爱的工作坊，在这儿，用不同的材料和灵感，他们能发明自己的彩虹。而“时尚插画工作坊”，则是通过水彩画和水墨画，根据现代摄影，创造绘画的时尚。在活动结束后，每个孩子都可以带走他自己的作品。

这些绘画的过程其实就是探索、发现与创造的过程，极大地激发了孩子们的想象力与创造力，使他们面对一定的挑战，也使他们的内心充满了成就感。

别具一格的音乐会

Aldebert 是一位只带着吉他出场的歌手和音乐家，他的专辑很吸引孩子们，在音乐会后，孩子们可以与 Aldebert 进行一次面对面交流。“Rocky Bad Billy”是以一场音乐会的形式，让孩子们来发现祖国的英雄，以及这位英雄的家人、朋友和学校，以榜样的力量来激励孩子们奋发向上。

这些音乐会不仅有着浓厚的童趣，能激发孩子们对音乐的兴趣，提高他们的音乐鉴赏水平，还让他们受到美好情感的熏陶与感染，深受孩子们及其家长的热爱。

趣味演出

里昂市市立图书馆为孩子们举办了许多有趣的表演，也为孩子提供了一个舞蹈戏剧工作坊，“爱的苹果——感官故事”“西蒙崩断了铅丝”“别亲妈妈”“合作的假发”等，都是孩子们爱看的表演。还有“Spectacle Hola l'eau là”，是一场由故事、童谣、水、舞蹈间奏、手指游戏和音乐喷泉组成的演出。“大型动画书表演寓言故事”则是一个展现在你面前的独特奇观：一个黑暗的房间、一张桌子、两个汽车大灯构成了现场，一个演员带着巨型动画书来了，他会给你讲一个超级古怪的故事，一个奇异的世界就此在你面前打开……

这些童趣盎然的演出，向孩子们打开了一个个丰富而又精彩的世界，同时把真善美的种子深深埋入孩子们的心灵。

吸引人的互动节目

里昂市市立图书馆还有精彩的互动节目。在“滴答滴答——我的互动式图画书”活动中，你能创建一个古怪而美妙的世界，让书中的词句鲜活起来，放大或缩小各种元素，改变其颜色，让夜幕降临或者让天空下雪，让动物和车辆加速或减慢；“走调学校”是一个自发的儿童音乐工作坊，音乐家邀请孩子们接触音乐，实践无拘束的独特歌唱方式，并进行创作，鼓励孩子们讨论音乐，探索录音技术，创建一个乐队，创作一首歌曲，然后，他们将会有自己的CD片；“电影音乐和音响效果”活动通过一组简短的动画电影，让孩子沉浸于音乐和声音效果的快乐中，并邀请孩子们利用乐器和他们的想象力重建乐曲，每个孩子最后都可以下载自己的作品带回家。

这些互动节目，让孩子们自己动脑动手动口，从小培养他们独立思考的习惯，吸引了很多孩子的参与。

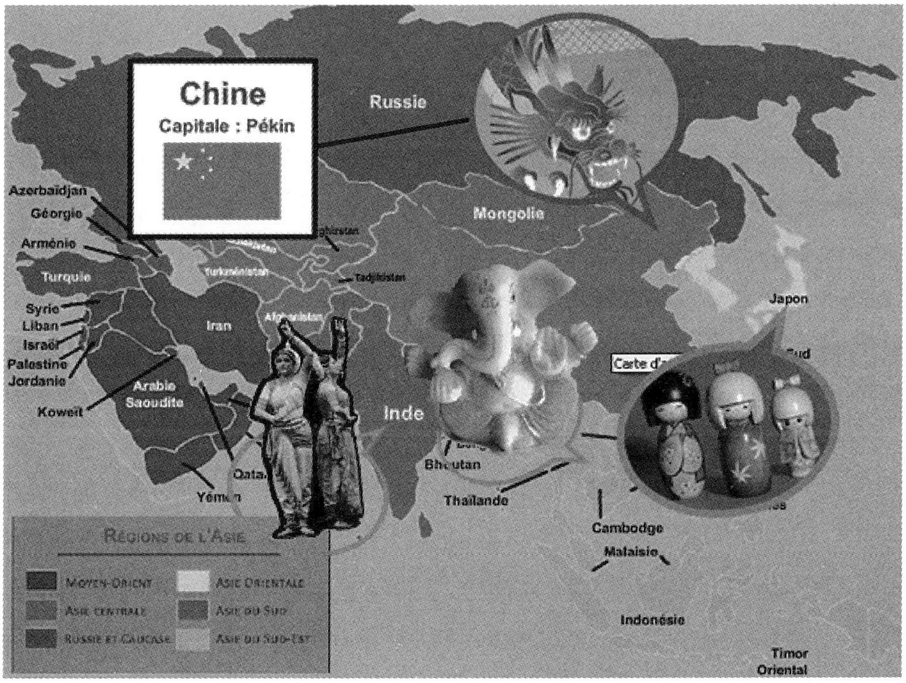

里昂市市立图书馆的“亚洲签证”活动

卡哇伊——亚洲签证

亚洲签证是里昂市图书馆系统下的所有少儿图书馆组织的一次活动。从2012年10月23日到12月22日，为6—12岁的孩子们准备了百余个活动项目。在这里能体验这样的日子：到遥远的亚洲大陆旅游，每天按亚洲的时间生活，在中国与长城相遇，享受日本的美食，认识龙、虎、蛇等生肖，发现传奇、艺术和知识……其中,“品尝亚洲风味”“倾听亚洲”“音乐小憩”“文学作品与龙”“发现中文书”“故事时间:在亚洲旅行”等探索活动,让孩子们了解亚洲各国的风土人情;“老虎和龙,故事和中国传统音乐”“北印度音乐:印第安纳打击音乐会”“秋之色,红色或金色的中国故事”“光与影”等演出或故事讲述,帮助孩子们了解亚洲各国的历史和文化艺术;“龙的秋天”“蒙古叙事诗与成吉思汗的孩子们”“在印象深刻的广州街道上,以及那些回忆”等展览,让孩子们跟着旅行者的脚步,浏览亚洲特别是中国的风物、风光;还有“秋之龙”“发现雕刻”“纸上戏剧和提线木偶”“风筝”“折纸”“中国书法”“为广岛做一千只千纸鹤”等工作坊让孩子们亲身体验神奇的亚洲艺术……

里昂市市立图书馆这些面向儿童的“文化娱乐”,紧紧抓住孩子们的年龄、性格特征,发展他们的兴趣爱好,培养他们的想象力与创造力,激励他们去探索、去发现,使图书馆真正成了促使孩子健康快乐成长的文化空间。

资料提供:陈 璇

参考文献

1 Kawaii Visa Pour L'asie [EB/OL]. [2013-07-16]. http://www.bm-lyon.fr/automne-des-gones-2012/index.php.

2 RéCréation : un événment de la bibliotheque municipale de Lyon [EB/OL]. [2013-07-16]. http://recreation.bm-lyon.fr.

德国科布伦茨和法伦达尔的“图书馆之夜”

Library Night in Koblenz-Vallendar

2010年10月29日，对德国科布伦茨和法伦达尔地区的人们来说是一个不平常的日子，这天是当地的图书馆日。当天晚上在科布伦茨和法伦达尔地区有一个特殊的“图书馆之夜”活动，参与的图书馆包括科布伦茨高等专科学校图书馆，法伦达尔神学院图书馆、商学院图书馆、联邦文学研究所中央图书馆，科布伦茨城市图书馆以及科布伦茨市莱法州（即莱茵兰－普法尔茨州）州立中心图书馆等。所有参与“图书馆之夜”的图书馆都将开放到晚上24点，并设计有丰富多彩的活动贯穿整夜。

在图书馆消磨一夜时光当然是件优雅而又美好的事，以科布伦茨市莱法州州立中心图书馆精彩的文化项目为例：文学家施特凡·施密特和施特芬介绍文学精品，音乐会、“莱茵兰－普法尔茨州葡萄酒酿造和酒的文化”展览、古代图书、地图、杂志展示……这些，都很受读者欢迎。其中“酒的世界”，也是一项极富特色的活动：在此项活动中，准备有五只圆木桶，每只木

参观图书馆场景之一

桶里都是满满的书籍——因酒而获得灵感的经历，有趣的醉酒故事……读者可以近距离地体会诗人们的创作情怀，分享他们那令人捧腹的醉酒轶事。甚至，你还可以参与品酒——图书馆还推出品酒活动，科布伦茨葡萄酒制造商提供了五种葡萄酒，有兴趣的读者可以在享受精神盛宴的同时享受舌尖的美感。

“图书馆之夜”还有许多贯穿整夜的温馨的服务。

到图书跳蚤市场选择中意的图书，在书籍装订工作室亲手制作玳瑁蜡光纸，到州立中心图书馆观看“推广阅读”展览（包括暑期阅读、迷你书、圣诞日历等）……这些，都是读者喜欢参与并且会有收获的活动。如果逛得累了，没关系，各个图书馆都备有可口的饮料和美味的小点心等着你去品尝；如果想参加很多项目，也没关系，免费巴士整夜穿梭于各家图书馆。

整个活动期间，图书馆都会用照片留住“图书馆之夜”的美好时光，并在适当的时候与读者分享。

科布伦茨和法伦达尔的“图书馆之夜”给市民留下了极为温馨美好的印象，越来越多的读者被吸引到图书馆中来。由此可见，对图书馆而言，宣传策划很重要。“图书馆之夜”就是一种很成功的自我营销手段。要使潜在的读者变成图书馆的常客，不仅需要图书馆精心策划各种各样有趣味、有品位、有文化深度的活动，还需要各位员工提供贴心的服务，使读者感觉到图书馆厚重的文化积淀，让他们真切感受图书馆亲切而又温馨的环境氛围。

资料提供：何瑜英

参考文献

StadtBibliothek Koblenz[EB/OL]. [2013 - 08 - 07]. http://www.koblenz.de/stadtleben_kultur/k42_bildung_bibliotheken.html.

艺术的小脑
——纽约表演艺术图书馆与新加坡滨海艺术中心图书馆

The Art Brain
—New York Public Library for the Performing Arts and Library@esplanade in Singapore

图书馆的价值要在艺术层面上有所体现时，其馆藏资料与服务样式必须是多种多样的，它需要囊括与艺术有关的一切活动，包括欣赏、创作、享受、普及等。艺术是昂贵的，但培植艺术的土壤应该是无限广袤的。把艺术植入最平民化的图书馆，让它被最广泛的民众充分享受，唯有如此，艺术的生命力才能获得深度地体认和支撑。

在此，我们可以对纽约表演艺术图书馆（以下简称纽艺馆）和新加坡滨海艺术中心图书馆（以下简称新艺馆）做一个比较，从而来感受一下：在面对表演艺术这样一个居于较高层次的艺术门类时，图书馆只有以尊重艺术本身的态度来重新设计自己，才能将艺术所具备的超强号召力发挥到极致。当然，作为一个公共设施，能否满足特殊馆藏存放使用的需求，其先决条件就是政府是否认识到了个中的重要性，并愿意给予"奢侈"的投入。

让我们先来对这两个艺术图书馆做一个最简单的概况了解：

图书馆 / 项目	纽约表演艺术图书馆	新加坡滨海艺术中心图书馆
成立时间	1956年	2002年
坐落地址	林肯中心	新加坡滨海艺术中心
行业特色	纽约公共图书馆四个特殊科研分馆之一	新加坡第一个表演艺术图书馆
建筑特色	媒体时评摘要： • 林肯中心的隐形宝石 • 学者们习惯了传统的音乐和剧院收藏中倾斜和阴郁的部分，新的环境看上去像一个梦幻般的珊瑚塔 • 这座民用房屋安静的、慷慨的、干净的氛围和打造让表演艺术触手可及的环境，让纽约市民为之喝彩	滨海艺术中心图书馆位于艺术中心的三楼，2300平方米。整个图书馆洋溢在一种慵懒的艺术味道里面。透过落地窗可以看到的最具新加坡式的风景：鱼尾狮以及周围新加坡河口的摩天大楼

续表

图书馆 项目	纽约表演艺术图书馆	新加坡滨海艺术中心图书馆
开放程度	对音乐家、音乐学者和普通的音乐爱好者全面开放。林肯中心其他场馆的表演都需要付费观看	对音乐家、音乐学者和普通的音乐爱好者全面开放。艺术中心内有音乐厅、剧院、演奏厅和排练室,还有户外表演空间
馆藏与活动	拥有世界上最珍贵的研究馆藏资料,包括音乐、舞蹈、戏剧和录音。提供的任何服务都与其主题相关,各类展览和表演活动,其运营资金来源于捐赠款、基金和市/州政府拨款	不仅提供国内收藏表演艺术最为丰富的资源,而且提供表演空间,不定时举办一些形式丰富多样的艺术领域活动和展览,对新加坡表演文化艺术的发展提供了强有力地支撑
经典案例	2013年4月,与Smithsonian Institution Traveling Exhibition Service合作,策划一个名为American Sabor的展览。该展览最初由EMP发起,并由Smithsonian Institution Traveling Exhibition Service负责组织筹办,相关项目由福特汽车公司基金运作,截至2015年将在13个城市巡展	2009年6月,与新加坡一家音乐剧公司合作创立音乐鉴赏俱乐部。每隔两个月,周五晚上7点至8点举办一次面向普通人群的音乐鉴赏活动。以促进理解和欣赏结合了诸如音乐曲、戏剧、舞蹈等元素的音乐剧这种艺术形式,艺术家、有抱负的演员,以及广大市民,可以借此机会与来自音乐领域的艺术家来个亲密接触

对于未能亲临其馆的人来说,这张表所透露出来的最强烈的信息也许是艺术图书馆的选址:它们都坐落于城市艺术地标之所在。纽艺馆早于新艺馆半个世纪建成,在二者身上,能看到后来者对前辈经典的致敬,也能体会到艺术图书馆在运作理念上的一脉相承。

纽艺馆的横空出世值得惊叹,然而表演艺术图书馆并不是拍脑袋而来，它始终盘桓在林肯中心董事会的议程表上，被认为将承担其表演艺术的教育中心和新艺术作品孵化器的职能。1957年3月，艺术图书馆建设计划正式获批，附属于纽约公共图书馆，成为其分馆之一。分馆的位置在第五大道和第四十二街。1959年6月，纽约公共图书馆的理事会投票表决，同意加入林肯中心，成为其组成部分之一。这样做的好处就是为表演艺术图书馆争取到了必要的市政设施使用权和发展资金、资源。在1961年5月，表演艺术图书馆正式进驻林肯中心，成为这个世界知名的艺术核心场馆机构的一部分。

纽艺馆的第一位设计师是Gordon Bunshafton。他的设计不仅包括了作为图书馆必需的书架和书桌，还增设了礼堂、画廊和音频站，实现了空间有效利用的最大化，在现代图书馆设计领域史无前例，贯穿始终的高度专业化特色服务和馆藏被誉为“现存功能最广泛的设施”的典范。在谈及这个复杂的建筑模型时，Bunshaft谦逊但一语中的：“我不认为创作一座图书馆有什么伟大的奥秘，它就是按照一系列不同的功能划分成各个房间——舒适、整洁、可供灵活使用的公用空间。”

工作人员小心翼翼地整理资料

在1998年，纽艺馆对它的室内空间开始了为期三年的改造，在将近3800万美金的耗资中，有较大部分用于采购最新的计算机。纽约图书馆主管表演艺术的杰奎琳. Z. 戴维斯对此盛赞:“图书馆馆藏成倍增长至 900 万个书目,需要 17 英里半的书架来存放,而科技彻彻底底改变了这些材料的存储方式,这也给我们提供了改善工作环境的机会。”另一位负责人勒克莱尔在总结新图书馆的革旧翻新工作时给予了一个极好的比喻,他认为这个图书馆已经成为“纽约表演艺术的小脑”,而此次改造又让小脑获得了“强大的力量支撑”。我们都知道,小脑正是保持平衡、协调运动的重要器官。

再来看作为后起之秀的新艺馆。新艺馆所在的滨海艺术中心是新加坡首屈一指的艺术表演场地,造型独特的圆顶为它赢得了“榴莲”的称号。艺术中心内有音乐厅、剧院、演奏厅和排练室,还有户外表演空间。

艺术中心前的广场

新艺馆的设置,同样是出于“小脑效应”的考虑。人们赞誉该馆洋溢着浓郁的艺术气息,那么不妨来细数下此间的艺术活动:

- 纪念地方剧导演、演员与教育家 Christina Sergeant 女士从艺 30 周年的作品展览活动;
- 为纪念音乐家朱比·赛(Zubir Said)逝世 25 周年,举办了“记住朱比·赛——他的生活与音乐”展览;

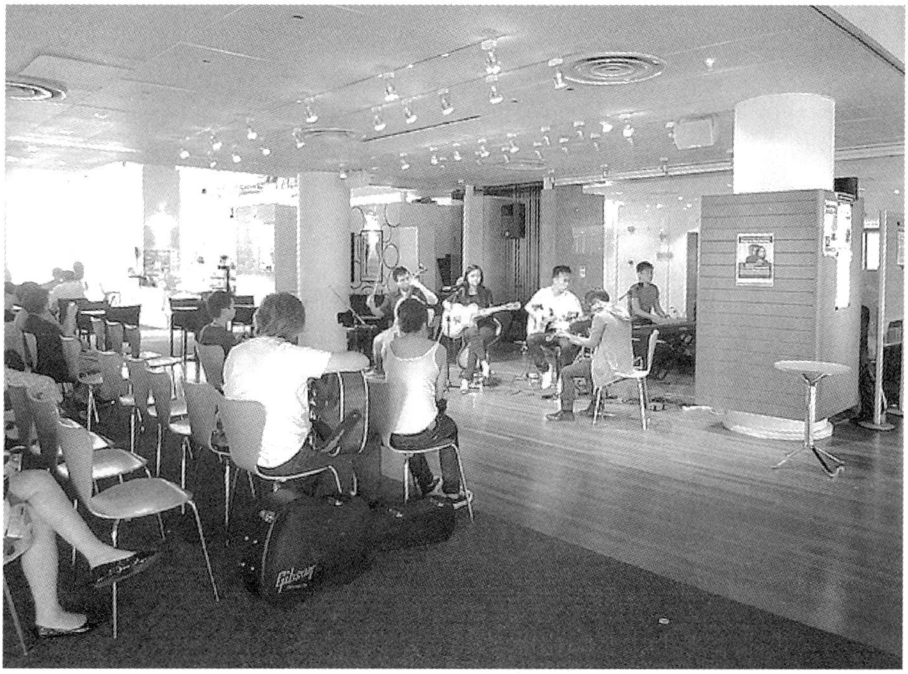

音乐鉴赏活动现场

• 为配合纪念新加坡舞蹈剧院25周年,做了新加坡舞蹈剧场芭蕾舞服装展,展示了该剧院的舞蹈作品“堂吉诃德双人舞”和“罗密欧与朱丽叶”的演出服装;

• 与新加坡电影协会合作举办了新加坡本地电影展,在每月第二个和第四个星期五晚上放映新加坡本地电影。在每个放映场次后,会有与电影制作人的一个见面会,电影爱好者可以提问与讨论;

• 策划并举办了吉普森吉他(Gibson Guitar)的展览,期间展示了该品牌下7种非常罕见的吉他型号,对于吉他爱好者来说,这个机会难能可贵且大饱眼福……

对于一个成熟的并且具有前瞻性的艺术中心来说,艺术图书馆的确已经被认为是不可分割的组件。同时需要提点一下的是艺术图书馆的高尚品位、精准执行和普世推广,以及来自于其间相关部门的工作人员或者策展人,因为他们就是该行业内的研究专家。

资料提供:冯亚慧 何 妨 杨 昇

参考文献

1 Vivan Beaumont Theater/ Library and Museum of the Performing Arts [EB/OL]. [2013 - 05 - 13]. http://www. landmarkwest. org/publications/Fall% 2007/Lincoln% 20Center/SigNarVivianBeaumontTheater. pdf.

2 New York Public Library for the Performing Arts[EB/OL]. [2013 - 05 - 13]. http:// en. wikipedia. org/wiki/New_York_Public_Library_for_the_Performing_Arts.

3 张志刚. 从图书馆感受新加坡模式[EB/OL]. [2013 - 05 - 26]. http://paper. wenweipo. com/2006/10/18/WW0610180008. htm.

4 National Library Board Singapore [EB/OL]. [2013 - 05 - 26]. http://www. nlb. gov. sg/.

图书馆馆藏的拓展：工具图书馆、种子图书馆

The Expansion of Library: Tool Library and Seed Library

人类社会生存与发展的历史，也是一部传承文明的历史。从学会制造和使用工具，到掌握耕种技能、形成各地的语言和文字，乃至艺术的诞生、科技的进步，都是一代又一代人不断探索、学习和传承的结果。

公共图书馆致力于保存人类文明，虽然文献是文明的主要载体，但图书馆的馆藏并不局限于此。一些具有现代服务意识的图书馆率先开辟了不拘一格的主题空间，例如工具图书馆、种子图书馆，它们不仅能满足现代人获取丰富多样资源的需求，更重要的是，在出借馆藏的同时也倡导了一种健康有益、传承文明的生活方式。

工具图书馆是把各种工具、设备像图书一样出借给人们使用，并提供工具的使用说明和培训的图书馆。最早的一批工具图书馆建立于上世纪 70 年代末 80 年代初的美国和欧洲一些国家。

工具图书馆出现后，在社区居民中很受欢迎，类似的服务开始在世界各地的公共图书馆推出。时至今日，澳大利亚、加拿大、以色列、瑞典等国家的工具图书馆都已经发展得比较成熟。美国的工具图书馆更是遍地开花，在社区居民的生活中扮演了越来越重要的角色。

成立于 1979 年的伯克利工具图书馆是美国最早的工具图书馆之一，初期有大约 500 件工具和一个全职的管理人员，在一个移动式拖车里开展服务，目的是为了给生活在南伯克利和西伯克利的居民，提供获得工具的途径和使用工具的方法。当时的图书馆还举办了小组讨论会，来决定工具图书馆应该给社区提供哪些工具、材料和哪种类型的服务。

现在的伯克利工具图书馆有了固定馆舍，2500 件以上可出借的工具以及大量有关怎样使用工具的图书、VCD 和 DVD，并有四名兼职人员。员工从制造商和当地供应商那儿直接选购工具，亲自承担对工具的维护工作。

图书馆的目录包括每一件可供出借的工具，读者可以直接在图书馆网站上检索到。一些使用频率不高的工具，如树篱修剪机、拆迁锤子、电气

蛇、圆锯、磨砂机、台锯等，大型工具如水泥搅拌机等都是非常受欢迎的工具。

各种工具根据不同的特点可以被借用3—7天，逾期的罚款为1—15美元/天不等。如果还回的工具被弄脏或者有了严重的损坏，将会产生额外的罚款。罚款的收入主要用于工具的维修和更换。

工具图书馆消除了工具获取的障碍，加强了职业技能和工具使用的熟练度，并通过持久的资源共享来杜绝浪费，鼓励人们美化周围环境，为快速消费时代带来了手工作业的乐趣。

西西雅图工具图书馆的工作间

种子图书馆区别于种子银行，主要目的不是储存或保管种质和种子，而是出借、分享种子，把种子传播给大众，通过繁殖和分享来保持物种多样性。大多数种子图书馆也提供关于种植、保存和传播技术的信息和教育。

据统计，在农业工业化之前，农民大约种植80 000种作物，而现在他们主要依赖于其中的150种。在过去的20年内，一些大型跨国公司接管了家族种子企业，专注于生产他们自己的混合品种和专利产品，但这些产品的种子不可繁殖，也无法被农民或者家庭园丁合法获得和使用。这意味着农民和园丁们必须每年从这些公司购买新种子，还意味着我们失去了传统的种子保存、植物繁殖的知识和技术。特别重要的是，祖传物种能更好地适应当地环境，带来更有趣和独特的植物，并产生更优质的种子。

许多人意识到了保护现存遗传种子多样性的重要，因此，种子图书馆在美国和英国开始发展。美国波特兰、旧金山海湾地区、纽约哈德逊谷、洛杉矶都有种子图书馆，英国有“传承种子图书馆”，致力于保护稀有植物品种。

很多种子图书馆的基本属性是关注稀有种子、当地种子和祖传物种，保存和保护农作物的多样性。它们一般通过会员的捐赠维持其馆藏，但也会扮演慈善机构的角色，为园丁和农民提供服务。

种子图书馆分享种子的方式多种多样，主要是“种子互换”和“种子出借”。前者一般是图书馆会员或普通人群相互见面、交换种子；后者则是一种借还形式，会员可以在春天借出种子进行种植，在秋天丰收的季节再向图书馆归还种子。

有些种子图书馆有利润，有些不盈利，比如洛杉矶种子图书馆，他们努力向所有人提供种子，无论其收入水平或园艺经验如何。

使用种子图书馆有哪些好处？显而易见，参与者们通过自己种植食物、保存种子，每个季节可以省下不少钱。而且，种子图书馆更关注家庭种植的品种，能保证食物味道的纯正和多变，不像商业种植，为换取口味的一致和耐运输性，破坏了食物原有的风味和个性。

每月例会工作人员在检查种子

种子是祖先留给我们的无价财富，而种子图书馆帮助我们尊重这样的礼物。在图书馆，我们能和其他志同道合的园丁们交流，让园艺滋养我们的灵魂和身体。通过种植、收获，享受食物和归还种子，我们融入大自然的节律，更适应周围的环境，对生活会有更加深刻的理解。

资料提供：屠淑敏 吴宇琳

参考文献

1 List of tool-lending libraries [EB/OL]. [2013 - 08 - 13]. http://en. wikipedia. org/wiki/List_of_tool - lending_libraries.

2 Berkeley Public Library: Tool Lending Library [EB/OL]. [2013 - 08 - 13]. http://www. berkeleypubliclibrary. org/about_the_library/neighborhood_branches/tool_lending_library/.

3 Sowing Future Seeds [EB/OL]. [2013 - 08 - 13]. http://www. care2. com/greenliving/sowing-future-seeds. html.

美国费耶特维尔公共图书馆的创客空间实验室

The Makerspaces in Fayetteville Free Library in America

文化的概念很宽泛，作为文化空间的公共图书馆，如何接纳、体现、展示多元文化，并让大众融入其中，正逐步成为公共图书馆的关注点。DIY 文化的兴起触动了许多人亲自动手、亲身体验、挑战自我的神经，并充分享受其中的快乐。公共图书馆所投入创建的大众可自由参与的“创客空间”，为某些 DIY 项目的实施扫除了条件障碍。创客空间是人们可以聚在一起通力合作、共同创造、分享资源与知识的地方，因为当地社区中有各种各样的专家，如科学老师、艺术家、计算机程序员和律师——这些专家和从业者来自不同的领域，有在职的也有退休的，他们都有值得分享、也愿意与人分享的知识。图书馆为各自不同需求的双方提供了良好的平台，同时配备适当的工具用以帮助人们进行创造，给使用者提供因地制宜地解决问题的条件。人们从一个设想开始，历经理解、打磨、失败、再制，最后实现创造和分享。费耶特维尔公共图书馆的“创客空间实验室”，在这方面是一个成功的实践。

费耶特维尔公共图书馆（Fayetteville Free Library，FFL）是奥内达加公共图书馆的成员图书馆，坐落于纽约州雪城郊区，成立于 1906 年，曾连续四年被《图书馆杂志》评为五星级图书馆。FFL 一直致力于打造一个全新的、完整的图书馆服务模式。2011 年，雪城大学信息研究学院学生 Lauren Britton Smedley 在毕业后加入该馆，开始推行创客空间项目——创客空间实验室。

创客空间的目标是给予读者工具和信息，帮助他们创造并将自己的观点、梦想、希望、抱负和技能与世界分享。比如制作一部动画长片、设计能改变游戏规则的科技革新、让孩子们制作属于自己的图书（图书馆会将它们进行编目，并在馆内流通）……在这里，读者的创造天才没有限制！

自己动手

鼓励读者自己动手体验,是创客空间实验室的最大特点。在FFL创客空间实验室的开放日,读者可以和馆员还有赞助者一起使用创新工具和科技。FFL不在每张桌子上安排馆员和操作手册,而是鼓励读者亲自动手。他们在墙壁上铺上厚厚的白纸,鼓励来访者写下他们在干什么,检验他们对图书馆职责的预期与实际所见是否相同,思考图书馆还能再拓展哪些功能。

除了开放日,FFL每月还开放诸如胶布艺术、重金属首饰等工厂,最近正与社区成员和全国范围内的"创造狂"合作,准备提供更多的实践车间。

一旦新的空间建设完成并投入使用,FFL便添加额外的技术指导,这些技术通常和实验室、高新商店等联系在一起的,例如激光切割机和数控雕刻机。操纵这些机器远比操控3D打印机要困难,它们需要更多地训练和指导。近来,图书馆员都在学习使用方法、软件和安全要素。FFL让Lauren去参加雪城大学数字制造的培训,以便打下坚实基础,更利于和同事、学生还有社区成员分享。

指导师向孩子们演示怎么制作小型机器人

鼓励孩子发明创造

有一天，网友 rdlankes 带儿子 Riley 到费耶特维尔公共图书馆，想更多地了解他们的创客空间实验室。馆员 Lauren 说即将开放一个新的实验室，里头可以制作首饰，也可利用管道胶带制作东西……11 岁的 Riley 马上说："我会使用管道胶带。"Lauren 看了他存在手机里的作品图片，不仅连连赞赏，而且让他马上来教大家如何使用。Riley 大受鼓励，一本正经地做起"老师"来。

一个星期后，Riley 和他弟弟又来到图书馆，用创客空间实验室的 3D 打印机打印出他们设计的未来图书馆的模型！

其实，对孩子而言，图书馆馆员所给予的鼓励和支持比什么都重要。让 Riley 心动的不是神奇的 3D 打印机，而是当 Lauren 请他教授管道胶带制作课程的那一刻，以及他用胶带制作的实验室标志被挂在门上的时候，还有当他坐在 3D 打印机面前观察如何操作它并看到最后的成果的时候……这一切，对一个孩子来说，又如何能不心动？

孩子们的发明创造

如果没有参与人员——馆员、会员、专家、孩子、家长的共同努力，如果一个小孩只是被当作一名消费者进行培训和接待，创客空间将会失败，毕竟，对孩子们来说，2000 美元的 3D 打印机不能和商城里买的乐高玩具相媲美。成功的关键是要向孩子表明他们能参与其中,体验学习,共同去发现去创造……他们只需坚守一个真理:这是我们自己亲手制作出来的成果。如果我们已经搞定眼前的一切,就可以继续探索。

资料提供:杨 昇

参考文献

1 BRITTON L. A Fabulous Laboratory[J]. Public Libraries, 2012(7/8).

2 BRITTON L. The Makings of Make Spaces[J]. Library Journal, 2012 (10).

3 STEPHEN A. Maker Spaces in Libraries, Education, and Beyond[J]. Internet@Schools,2013(3/4).

4 Chicago Public Library Gets IMLS Grant for Maker Space[J]. Advanced Technology Libraries,2013(1).

5 Fayettteville Free Library [EB/OL]. [2013-08-13]. http://fflib. org/creationlab.

美国盐湖城公共图书馆的“特色广场”

Shops & Services at Library Square in Salt Lake City Public Library in America

盐湖城公共图书馆是盐湖城公共图书馆系统中的一个重要节点，位于市政厅对面的一个街区内，所有的建筑都被一片弧形的墙面所围合，墙面逐渐降低，向广场延伸，形成了连续的室外楼梯，将读者从广场一直引导向屋顶花园和公共广场，从设计上便给人以开阔的视野，天然地成为一个巨大的公共空间，因此人们有时将其称为“广场”。在这座“广场”中，有别具一格的“阅读廊”，有天台花园，有会议厅、报告厅，还有商店、餐厅……盐湖城公共图书馆业已成为居民心中一个理想的公共活动场所。各式各样的商店和形式多样的服务是盐湖城公共图书馆“广场”的特色之一，它们的存在使该馆体现出文化综合体的功能。

美国盐湖城公共图书馆

艺术中心，提升公众整体的鉴赏水平

艺术中心位于图书馆一楼中庭，综合展示了犹他州新兴艺术家的最佳作品。艺术中心希望能将犹他州打造成一个更宜居、更适合工作和旅游的地方，而这离不开公众对艺术的欣赏和对艺术界的支持，所以艺术中心一直在不断寻找以下领域的准艺术家：混合画法、水彩、油画、版画、亚克力、粉彩等。艺术中心除了为艺术家提供一个展示平台和售卖作品的地方，还为公众举办集知识性和教育性为一体的艺术活动，如特色艺术家招待会、艺术表演和儿童艺术课程等。

这世界需要美，更需要一双善于发现美的眼睛和一颗善于感悟美的心灵。盐湖城公共图书馆无疑深谙其道。

英式花园，给读者送来一片温馨

盐湖城公共图书馆的英式花园为公众提供以下贴心的服务：

花艺设计。英式花园旨在为大众打造和设计最完美的礼物。采用本地优质材料及进口花卉，为顾客设计适合各种场合的花束，从采摘花朵到搭配绿叶，无不通过精心挑选、完美设计。花园员工希望通过花朵将美好的情感传递至每一位顾客的心中。

欧洲园林设计。欧洲园林设计历史久远。英式花园试图通过园林设计，将美丽和宁静的大自然带到大众身边。

天然温泉和食物。香氛、沐浴和身体护理产品能呵护并抚慰心灵，新鲜的水果、美味的点心和滋补的小吃可以让顾客大饱口腹之欲。在此，人们可以放纵自己对美食的渴望，也可以尽情享受温泉的呵护，放松心情。

让读者身心愉悦，快乐读书，这是盐湖城公共图书馆广大员工的最大愿望。

乔治·艾略特沙龙，塑造一个焕然一新的你

乔治·艾略特沙龙由帕特里克·温特沃斯（Patrick Wentworth）创办，为各年龄层人群提供剪发、造型、染色、洗护等服务，风格多样。走出沙龙，照照镜子，你甚至有脱胎换骨的感觉。

海明威咖啡馆，提供可口的餐点

海明威咖啡馆每日供应新鲜的手工面包、意大利面、沙拉、汤品、糕点、特价商品，并承办酒席。读者在图书馆享受精神大餐之后，都会乐意到此坐坐，放松心情，喝喝咖啡，吃吃甜点。

KCPW 广播，家事国事天下事事事关心

KCPW-FM 是盐湖城的公共调频广播，24 小时不间断地播送美国国家公共电视台、国际公共广播电台、英国广播公司以及地方电台节目。KCPW 经常针对当地、国内和国际时事进行评论，读者在阅读思考之余，可以随手戴上耳机，调节频道，让思路跟上时代的步伐。

图书馆商店，富含教育深意

图书馆商店由"城市图书馆友好协会"创办，出售富含文学深意的礼品。该商店寻求有助于读书写作的、实用的、异想天开的、富有教育意义的产品。例如创意产品、简·奥斯丁系列藏品、旧书循环利用制品、拼字游戏产品等。这些富含教育意义的商品深受读者喜爱。

盐湖城图书馆广场商店商品集合

盐湖城写作交流中心，实现你的作家梦

无论是什么学业背景的人，只要有练习写作、表达个人意愿的实际需要，盐湖城写作交流中心就支持、鼓励他们就写作和阅读进行交流。除了为大众提供一个开放空间来练习写作，还设置了写作辅导、写作研讨会、“多样化城市”写作系列、“写作合作伙伴”等交流项目，供大众有选择地参与。这些活动极大地激发了读者阅读、写作的兴趣与热情，不少读者从这里开始走上文学的道路，并为之奋斗终生。

“熊熊飞行记”漫画屋，走进漫画艺术

“熊熊飞行记”漫画屋出售漫画书和图画小说，让年轻人学会阅读漫画和图画小说，接触漫画艺术，探索书中难以割舍的复杂情节。他们的想象力和创造力也由此得到了极大地激发。

盐湖城公共图书馆的“广场”为读者提供了非常贴心的特色服务，日益成为居民心中理想的公共活动场所，成为当地人们最爱去的地方之一。

资料提供：聂凌睿

参考文献

The Salt Lake City Public Library[EB/OL].[2013 - 08 - 13]. http://www. slcpl. lib. ut. us/.

美国康涅狄格州立图书馆中的博物馆

The Museum in Connecticut State Library in America

康涅狄格州立图书馆位于康涅狄格州首府哈特福德,建于 1854 年,是康涅狄格州重要的文化中心,以保护该州的历史和文化遗产为己任,促使图书馆服务于该州事业。不仅为市民提供各式图书馆信息、档案、公共记录,还为他们提供博物馆和行政服务。因其详备的历史、文化资料及富有教育特色的服务而成为康涅狄格州研究的引擎。

康涅狄格州立图书馆非常重视弘扬地方文化。图书馆中有一个康涅狄格历史博物馆,主要收藏了该州的军事、工商业、政治和历史的相关展品。这些展品可以追溯到殖民地时代,包括州长肖像、柯尔特枪支、发明专利数据库、寻宝游戏……可以说,该州历史上所有的重要人物及重大事件,甚至是美国的一些建国资料,都在这儿得到了集中展示。

展览大厅

详备的历史文献

美国的历史虽然只有短短200多年，但在政治上却是风起云涌，英雄辈出。为这个国家做过贡献的杰出人物的资料，都珍藏在美国康涅狄格州立图书馆中的历史博物馆里了。当然，更主要的是有关康涅狄格州的杰出人物。

政治部分包括《美国独立宣言》《美国宪法》和《联邦条款》的原始手稿；历史照片和个人纪念品主要是有关康涅狄格州突出的政治人物；还有州长肖像展览厅，收藏了建国之初至1900年的当地州长肖像，图书馆数字资源提供相关州长的传记链接，读者能够在线搜索他们的相关事迹。

令人反思的战争资料

战争是残酷的，但战争又是难以避免的。每场战争都带给人们深深的伤痛与反思，图书馆详细保存战争资料，就是为了提醒人们不忘历史，反思战争，珍惜今日来之不易的和平。

军事部分的“康涅狄格集合”，展示了内战时期的制服和武器、原始的战争日记和其他战争纪念品，其中有一份日记是关于康涅狄格州士兵被囚禁在南方邦联安德森威尔监狱的记录；同时展出的还有美国从殖民地时期到上世纪90年代的“沙漠风暴”的相关资料，以及康涅狄格州籍官兵在第一次、第二次世界大战，越南战争和波斯湾战争中的军服和装备。

军事部分的“柯尔特枪支收藏”，也是馆中极具特色的部分。主要展出军火巨头柯尔特枪械厂在1957年赠予康涅狄格州历史博物馆的历年产品，包括柯尔特制造的加特林机枪、猎枪和其他自动武器。

工商业产品展示

工商业部分展出的是康涅狄格州的发明家和制造商如惠特尼、柯尔特、特里、温彻斯特、斯坦利的相关资料，以及其他相关物品，还包括最新的康涅狄格州出产的产品。其实，在它的早期历史上，康涅狄格州就是著名的精密制造、枪支、钟表、五金工具的产地。

面对如此丰富而有价值的历史展品，康涅狄格州历史博物馆的教育部门每年会邀请约2万名儿童来了解本地区的过去与现在。博物馆根据儿童年龄大小制定了两个延伸教育项目:康涅狄格的发明创造和康涅狄格的榜样。

前者适合4—5年级学生,侧重于介绍康涅狄格州的发明家和他们的发明。孩子们借助图书馆的"专利数据库"可以查找到1790年至1890年康涅狄格州超过20 000项的发明专利,从牙膏管、卷尺、开瓶器,到柯尔特左轮手枪、潜艇等。在这种浓厚的发明创造氛围中,孩子们的求知欲与创造欲得到了极大地开发,同时他们也有机会通过使用简单的材料如稻草、磁带、铅笔、纸夹子等来做些有益的发明尝试。

后者探索康涅狄格州的政治、军事和工业的历史,内容涉及康涅狄格州的成立、早期的定居者、宪章橡树的传说、康涅狄格昵称和地名等相关信息。这些项目适合三年级左右的学生。当孩子们知道他们脚下的土地曾走过那么多杰出的人物,他们也一定能沿着前人光辉的足迹,开创更美好的未来。

有人质疑图书馆这样做是越出了边界。其实,图书馆与博物馆在资源服务上可以相同,而图书馆除了资源的展示外,更关注资源的利用与流通,因此,图书馆能不能做博物馆的展示,答案是肯定的。康涅狄格州立图书馆中的康涅狄格州历史博物馆,就是一个成功的典范。该博物馆是学者们研究历史、政治、军事、社会的重要场所,不仅弘扬了康涅狄格州的地方文化,还成为儿童的教育基地,激励着世世代代的人民为自由民主而奋斗。

资料提供:姚隽鸣

参考文献

Welcome to the Museum of Connecticut History [EB/OL]. [2013 - 08 - 10]. http://www.museumofcthistory. org/index. asp.

澳大利亚昆士兰州立图书馆原住民青少年艺术发展项目:“爱的文化”

State Library of Queensland: Aborigine Youth Art Promotion Program “Culture Love”

澳大利亚昆士兰州立图书馆特别重视弘扬本土文化,尤其是传统文化在年轻一代的传承。它的前身是1896年成立的布里斯班公共图书馆,是一家研究和参考型公共图书馆,收藏了澳大利亚及昆士兰州历史文化资料,传播科学技术和现代文化。为了使当地原住民文化得到有效的传承,并为热爱文化艺术的儿童和青年提供稳定持久的平台。2008年,昆士兰州立图书馆及相关单位开始构想“爱的文化”项目,为偏远的约克角城和托雷斯海峡原住民社区的儿童和青少年提供艺术体验,激发他们对艺术的兴趣,并通过各种艺术工作室以及具有共同志趣的团体传播当地原住民的文化与艺术成果,建立对艺术和文化的自尊感与归属感。约翰·加纳(一个年轻艺术家)说:“‘爱的文化’项目很重要,因为我们用自己的文化教育自己的孩子。”

除昆士兰州立图书馆之外,昆士兰州艺术中心、原住民知识中心、昆士兰州卫生局等单位团体也热心投入其中。它们积极组织“爱的文化”项目活动,为传播当地文化和传统文化挥洒辛勤的汗水。

“爱的文化”项目因其浓厚的民族文化特色而深受孩子和家长们的欢迎。到目前为止,项目组一共举办了20来次相关活动,对丰富和普及文化、促进原住民孩子各种技能的发展产生了深远影响。

活动的内容丰富多彩。如创作壁画、歌曲创制、摄影、摄像、印刷、编织等。这些活动一般由专业艺术家带领孩子们一起开展,创作的内容都与当地传统文化密切相关,着意把原住民文化的火种在孩子们心中广泛传播。如:2009年9月,“爱的文化”活动有制作传统的帽子、船具模型,讲故事、唱歌、制作传统美食、串字游戏……这些活动都被记录成50分钟的电子有声录像带。原住民文化中心创办协调者 Danie Savage 说:“‘爱的文化’项目结合当地的语言通过歌曲的形式来表现文化,这样的形式将近20年没有出现过，着实已成为联系小孩和长辈以及祖先的纽带。”

2010年，Wujal Wujal地区“爱的文化”整个活动是在徒步旅行中进行的，他们沿路拾贝类，收集影像、照片、音乐等资料，在学者们的帮助下，通过乐曲制作和录制、织物印花、数码照片和摄像片段等形式来表现原住民文化艺术。

2010年复活节在Mabuiag岛举办了“爱的文化”活动，孩子们用英语演绎了一个原住民神话故事，并用粘土和雕塑，通过现代的科技手段重塑了那个神话故事。原住民文化中心创办者Mabuiag Annie Min说道：“孩子们感到非常自豪。我非常激动，眼泪夺眶而出，非常骄傲地看着、听着孩子们在摄像机前用Kalaw Lagaw ya语言脱稿演绎神话故事。”

2010年在New Mapoon的“爱的文化”活动

在2009—2011年间，原住民文化艺术中心有8个IKC（原住民知识中心）的合作团体，通过直接参与管理的方式得到了专业的训练；有31位当地的艺术家被聘用；大量志愿者积极参与活动，得到各种锻炼，不同程度地提升了自己的才艺……

几代人之间的文化交流、文化传承，用当地语言整理记录、孩子和年轻人的艺术表现……“爱的文化”项目持续的系列活动，让原住民的文化与艺术成果在当地青少年群体中得到了广泛传播,同时提高了他们的文化修养。

资料提供:吴 旻

参考文献

State Library of Queensland[EB/OL].[2013-08-10]. http://www.slq.qld.gov.au.

澳大利亚维多利亚州立图书馆：我们出借空间

The State Library of Victoria in Australia: We Lend Spaces

现代社会的发展，使得公共图书馆面临前所未有的危机：各种休闲方式抢占了人们的阅读时间，互联网成为人们获取信息与资源的重要渠道甚至是主要渠道……图书馆集中保存文献资源的优势正在丧失，甚至有变成“古董”——一种昂贵摆设的嫌疑。

维多利亚州立图书馆王后大厅

一些图书馆开始挖掘其他潜能，开拓新的服务领域来重建立足之地，而图书馆作为一个公共文化空间，天然具有广泛的服务可能，其实体空间拥有无可比拟的优势。例如，创建于 1854 年的澳大利亚维多利亚州立图书馆，不仅为读者提供一般的文献服务，还特别利用场馆来拓展服务，让人们对图书馆的功用有了全新地认知。

维多利亚州立图书馆是一所非外借的参考和研究型公共图书馆，也是澳大利亚最古老、最大的公共图书馆。图书馆以美丽的自然环境、丰富的历史文化遗产和现代化设施的完美融合闻名于世，是墨尔本的地标之一，也是很受市民欢迎的举办晚宴、婚宴、鸡尾酒会、研讨会等活动的场所，因为图书馆提供特别的出借服务——场馆出借。

图书馆可供选择的场馆不仅有始建于19世纪的画廊、神秘而具有历史感的大厅、辉煌复古的宽大空间，还有配备最先进数字技术的多媒体厅，以及一个剧场和各式各样的会议室。

圆形穹顶的La Trobe阅览室历史悠久，是整个图书馆最有特色的建筑，很适合在正式用餐前来这儿喝点什么。王后大厅内部有着典雅的19世纪风格装饰，彰显了那个时代的美妙与辉煌，是人们举办婚礼场地的热门之选。红色圆形大厅以华丽的红色墙壁闻名，有闪亮的木质拼花地板和高挑的天花板，举办鸡尾酒会或者正式晚宴会让客人们回味无穷。多媒体厅将19世纪的华丽装饰风格与最新数码技术很好地融合在了一起，是墨尔本承办各种类型活动最特别的场所之一。柯恩画廊陈列了许多澳大利亚的艺术杰作，而这座恢弘的建筑本身就是令人惊叹的艺术品，在这里举办私人宴会等社交活动，会带来与众不同的艺术氛围。

图书馆前的草坪

场馆出借服务的宗旨是最大限度地满足顾客需求。图书馆会竭尽全力为顾客提供一丝不苟的服务，使活动办得成功圆满。当然，这样的服务是要收取费用的，服务费包含员工费用、场馆布置费用、活动标示费用和家具设备费用等。

餐饮服务也是场馆出借服务套餐的一部分。图书馆有长期合作的餐饮供货商，能保证宴会餐饮的质量和水准。顾客可以从宴会菜单中选择菜谱，也可以和图书馆工作人员讨论，为自己的活动量身定制出一份完美菜谱。

和丰富全面的藏书一样，众多场馆优质贴心的出借服务是维多利亚州立图书馆的重要特色。而且，读者即便没有借用场馆，在得到工作人员同意的前提下，也可以对王后大厅或者 La Trobe 阅览室等古老的建筑进行观光。当人们穿过宽阔的大理石台阶，环顾四周墙壁上的宏伟壁画，产生穿越时空般的奇妙感受时，也可以说，图书馆保存和出借的是一部鲜活的建筑艺术史。

资料提供：龚思婷

参考文献

State Library of Victoria[EB/OL].[2013-08-10]. http://m.slv.vic.gov.au/.

南非德班文化百科“乌瓦兹”
——本土文化的保存与传播

Ulwazi
—Preservation and Dissemination of Local Knowledge

文化遗产包括物质文化遗产和非物质文化遗产，二者共同折射出一个民族的生命力和创造力。对文化遗产的保护不仅是对本民族文化的传承，同时也是维护世界文化多样性和创造性、促进人类共同发展的前提。联合国教科文组织在列举公共图书馆使命时，特别提到了要“加强文化遗产意识”。尤其对于那些多民族地区的图书馆来说，保存并传播好每一个群体的历史和本土文化显得尤为重要。

南非德班 Ethekwini 市政图书馆和遗产部门共同主导的“乌瓦兹”(Ulwazi)项目，是一个旨在收集和传播以英语、祖鲁语为主要语言，以本土文化为主要内容的在线媒体项目。对于公共图书馆，尤其是欠发达且多民族区域的公共图书馆来说，很有借鉴价值。该项目给人的启示是：要实现多样性文化的记录、保存和传播，必须具备三要素——自身的需要，信息爆炸的互联网对社会造成的制衡知识经济的压力，以及 Web2.0 技术带来的协同建设数据库的概念

为非洲文化的复兴，“乌瓦兹”应运而生

德班是南非第二大城市，位于南非东部沿海地区。350 万拥有不同文化背景的人口组成赋予了德班文化上的多样性。其中最庞大的莫过于祖鲁人群体，次之是印度人。每一个群体都有他们自己的历史和本土文化，相对而言，祖鲁文化的相关记录较少。

在当今信息和知识几乎满溢的互联网世界，关于非洲本土文化的内容少之又少，这是由记录、转化、传播上的技术缺陷导致的。而非洲在现今的知识经济中处于严重劣势，无力给非洲文化的复兴提供实质性的贡献。出于记录、保存、传播多样性文化的需要，“乌瓦兹”项目应运而生。

图书馆与文化社群达成良好互动

“乌瓦兹”项目所要做的，就是将各个文化社群搜集到的当地知识、信息资源整合成公共图书馆和信息服务处整体资源的一部分。

eThekwini市政区现有公共图书馆89个，大多都有互联网入口。通过这个图书馆集群将“乌瓦兹”项目传递到各个文化社群。来自不同阶层、不同年龄段的群体都以受雇佣或者志愿者的形式参与到这个项目当中。首先，社群成员可以在当地图书馆得到相关地指导；之后，他们搜集音频、视频资料，并通过在线传播、发布相关内容，创建联合在线数据库。这个过程中，图书馆提供培训和支持，是在线资源的审核者、监督者和管理者。

社群的参与保证了当地文化的搜集、记录、保存以及最终的共享。对于社群来说，这个过程一方面增强人们保护本土文化、共享知识文化的意识，使整个社群互动合作的潜能得到了最大限度发挥；另一方面，计算机运用技能的提升、就业机会的创造也使社群本身的活力得到加强。

所有词条都支持用户的共享共建

“分享本土文化”，是“乌瓦兹”项目的主旨。登录官网后注册“乌瓦兹”用户，就可参与各个词条的编辑和修改了。关于本土文化的各种词条分门别类为三个部分：环境、历史、文化。其中“环境”包含健康、农业、景观、家庭等方面内容；“历史”包括家族史、历史纪事、文化古迹等；“文化”的范围更广，如宗教、艺术、工艺、音乐、故事、语言等都在其中。

三个大分类中分别包含各种子分类，以“文化”为例，进入“文化”(Culture)后可以看到以字母顺序排列的Arts(人文)，Craft(工艺)，Education(教育)，Religion(宗教)，Sport(运动)等子分类。

再以Diwali(印度宗教节日排灯节)为例，此词条的路径是：文化(Culture)→宗教(Religion)→印度教(Hindu)→在德班的印度宗教节日排灯节(Diwali in Durban)。点击进入Diwali in Durban这个词条，就可以浏览到印度排灯节在德班的开展情况。

实现本土化与全球化的双赢

最初，“乌瓦兹”项目主要是致力于解决大德班地区本土文化得不到适当保存、传播的问题，但在实际操作过程中，各种文化的交往和互动使这个项目有了另一层深刻含义——鼓励当地社群通过互联网积极参与到本土文化的资源共建中。分享不同文化的过程有助于增进理解，增加互信；知识的共享可以加强社群间的社会联结，也使文化从静止的、封闭的个体状态向交互的、开放的共同体状态发展。

“乌瓦兹”项目不仅建设了属于德班自己的品牌，还可以与全球信息社会资源进行整合，并且直接提供接触当地文化的广阔路径。一个本土的信息化社会变成了全球互联网络的一部分，一个通过现代科技建立的以人为本、以非洲为中心的图书馆服务系统得到了长期可持续发展。

“乌瓦兹”文化的三个部分

资料提供：何小茜

参考文献

Ulwazi[EB/OL].[2013-08-12].http://www.ulwazi.org.

游戏致学

——图书馆中的成人游戏

Education in “Game” Style in Libraries

玩耍是人类的天性,图书馆能否邀请人们进来玩游戏,在游戏应用与信息素养教育方面有所作为?一些图书馆已经意识到,将视频游戏结合到青少年活动中可以获得巨大的成功——因为你不光是让他们玩游戏,也在让他们学习信息搜集的技能,而教授这种技能正是图书馆一直以来的任务。最重要的是,你将他们带入了图书馆。

如今,图书馆有越来越多的方式让有趣的游戏参与人们的终生学习,这些游戏不仅针对孩子,也针对成人。与此同时,图书馆成了游戏的创造者、游戏开发商的合作者以及游戏的推广者。

棋类游戏融合益智、社交于一体,是图书馆内长盛不衰的游戏种类。

美国有不少图书馆在这方面积累了多年的经验。比如密歇布瑞图书馆在每周四晚7:00都会举办“棋盘游戏之夜”活动,提供棋类游戏和电脑游戏等多种选择,所有年龄段的人都能参加。贝尔蒙特图书馆在每周三下午3:30举办“青少年游戏派对”,邀请13—18岁的青少年来图书馆玩各种棋类游戏,同时享受一些美味小吃。

美国图书馆协会非常支持各个图书馆开展棋类游戏活动,甚至在他们的网站上提供了大量此类游戏活动的资源、建议、报告和成功案例。

长幼咸宜的学习型游戏,则会让图书馆与读者“日久生情”。美国安娜堡区图书馆曾在2011年夏季成功举办了一个学习型游戏项目,吸引了从6岁到70多岁的数千人参加。该游戏包含了众多形式,参加者可以通过阅读、参观展览、发表评论以及对当地资料的研究等多种方式获得奖励点。比如,为图书馆目录中的任何文献添加标签可获得10奖励点,评分可获10奖励点,写一篇书评可获得50奖励点;给你借阅过的文献评分则可获得50奖励点;创建并分享一份新的公开书单可获得50奖励点;参加任何一种图书馆活动都可以获得一个代码,能兑换200—500奖励点。而这些奖励点可以兑换各种奖品,对参加者是个很不错的激励。

学习型游戏正是通过这样的方式，鼓励人们充分地与图书馆进行互动，促使人们更频繁地参与到图书馆以及他们所在的社区之中。

科学主题的游戏很适合与图书馆的教育类活动相结合。

澳大利亚昆士兰州立图书馆的“僵尸的气候末日”可以看作是不寻常的科学类游戏与图书馆结合的范例。这其实是一个生存游戏，玩家必须解决大量生存技能方面的问题，包括水的净化等等，因此科学知识在这个游戏里显得相当重要。参与者可以从图书馆的多种馆藏资源，包括图书、DVD光碟以及带有僵尸及生存概念信息的数据库，也可以从USA疾病控制中心之类的组织及其关于预防僵尸的网页上获取信息。

创建这类游戏的意图，是让人们用不同的方式去思考、预防各种灾害，并建立相应的知识和技能储备——如果你已经准备好在僵尸灾难中存活下来，你很可能也已经准备好在其他的自然灾害中存活下来。

图书馆中的成人游戏

基于互联网的发展，众包类游戏项目越来越多，图书馆完全可以参与其中。

众包是什么？简而言之，就是让其他人替你做事，与此同时他们也可以获得益处。维基解密就是众包的一个例子。再比如众包性质的食谱网站，你可以在那里贡献出你的食谱，如果你的食谱被一本书给收录了，那么你就可以免费获得这本书。

在图书馆参与的众包游戏中，英国牛津大学图书馆的乐谱项目“牛津大学图书馆的乐谱是什么”尤其值得一提。这是希望通过网络力量贡献元数据的一个项目，根据用户对牛津大学图书馆音乐馆藏中大量数字乐谱的选择，对一些没有目录就难以找到的资源建立访问通道，而这些年深日久被埋没在图书馆里的资源，都是相当珍贵或者有趣的。

美国国家档案馆在馆藏建设方面也应用了众包。他们鼓励人们分享档案中的数字图片，为馆藏图片和记录做标签，为 1940 年的人口普查制作索引，以及帮助转录记录等。这非常适合对美国历史感兴趣并乐于贡献的人，对他们来说，参与这样的活动既是娱乐又能获得满足感。

尽管如此，图书馆借鉴众包概念的成人教育类活动还是很少。众包能为图书馆提供激动人心的、多种多样的活动，将一个图书馆的读者与全世界拥有相同兴趣的人们连接起来，值得图书馆进行探索和开发。

世界各地图书馆的实践证明，引入一些适当的游戏项目是吸引读者的一个利器。图书馆完全可以找到玩与学的结合点，让读者在游戏中大有收获。总而言之，游戏致学的潜质不容小觑。

资料提供：黄志宁

参考文献

1 Board Game Night[EB/OL]. [2013 - 08 - 13]. http://www.smcl.org/en/node/1751.

2 Teen Gaming [EB/OL]. [2013 - 08 - 13]. http://www.smcl.org/en/content/teen-gaming.

3 Forsyth E. Learning Through Play: Games and Crowdsourcing for Adult Education[EB/OL]. [2013 - 08 - 13]. http://www.questia.com/library/1G1-315068868/learning-through-play-games-and-crowdsourcing-for.